看世界·强国教育

欧盟高等教育

张地珂　车伟民　主编

中国科学技术出版社
·北 京·

图书在版编目（CIP）数据

欧盟高等教育 / 张地珂，车伟民主编 . -- 北京：
中国科学技术出版社，2024.4
（看世界 · 强国教育）
ISBN 978-7-5236-0466-3

Ⅰ.①欧… Ⅱ.①张… ②车… Ⅲ.①欧洲联盟 – 高
等教育 – 研究 Ⅳ.① G649.5

中国国家版本馆 CIP 数据核字（2024）第 042032 号

总 策 划	秦德继
策划编辑	王晓义 赵 晖
责任编辑	王 琳
版式设计	中文天地
封面设计	锋尚设计
责任校对	邓雪梅
责任印制	徐 飞

出 版	中国科学技术出版社
发 行	中国科学技术出版社有限公司发行部
地 址	北京市海淀区中关村南大街 16 号
邮 编	100081
发行电话	010-62173865
传 真	010-62173081
网 址	http://www.cspbooks.com.cn

开 本	710mm×1000mm 1/16
字 数	197 千字
印 张	13
版 次	2024 年 4 月第 1 版
印 次	2024 年 4 月第 1 次印刷
印 刷	北京荣泰印刷有限公司
书 号	ISBN 978-7-5236-0466-3 / G · 1035
定 价	72.00 元

丛书编委会

主　编：马燕生　张力玮

编　委：魏礼庆　车伟民　宗　瓦　宋晓枫　成协设
　　　　张地珂　陈　正　阚　阅　陈晓清　朱安新

本书编委会

主　编：张地珂　车伟民

编　委：刘爱玲　杜海坤　林迎娟　宋慧玲　蒋洪池
　　　　宋瑞洁　黄福涛　白　玫　崔　军　张　惠
　　　　桂　敏　王梦琪

总　序

　　欣悉马燕生老友——中国驻法国大使馆原公使衔教育参赞，近年来牵头主编了《法国高等教育》，将其纳入《看世界·强国教育》系列丛书，并诚邀笔者为本系列丛书作序。其实，笔者并非比较教育研究界专家，若给这一领域的学术专著作序肯定是很难的。不过，比较吸引笔者的是该系列丛书以"观察"为主旨，采用"通览"或"透视"的方式认识国外高等教育。由于专职从事宏观教育政策研究30余年，我一直十分关注世界各国及国际组织的教育政策走势，经常通过不同渠道了解教育动态信息，现在对非学术性的该系列丛书也发表些点评，还是可以尽些微薄之力的。

　　现代意义上的高等教育，在不同国家中的制度形态分化十分明显。暂不细议高等教育的法律定义和学界的主要共识，仅从联合国教科文组织2011年修订的《国际教育标准分类》来看，高等教育是建立在中等教育之上、为专业化教育学科领域提供的学习活动，以高度复杂和专业化的学习为目标，包括学术教育、高级职业或专业教育。实际上，这一集各成员国"最大公约数"的定位，还不是高等教育的全部功能，仅在19世纪至今的200多年间，在高层次知识技能传授的基础上，就有很多显著的拓展，在许多领域发生了重大变革。因此，各国制定的高等教育政策，既在学制设置等方面参照了《国际教育标准分类》，又不仅限于上述定位。

　　综观全球范围内的高等教育，从20世纪八九十年代到21世纪前20年，普遍呈现规模显著增长的态势，至少在新冠疫情暴发前，毛入学率超过50%、进入所谓的"普及化"阶段的国家和地区已经超过60个，是20世纪90年代初的10多倍。

在学龄人口及其他公民对高等教育的量与质的要求不断提高的形势下，许多国家，尤其是发达国家的高等教育，都在寻求适应本国乃至国际上多元多样需求的发展路径。其中，部分发达国家的高等教育，在布局结构、办学特色、育人模式、科研开发、社会服务以及国际交流合作等方面，进行了许多政策调整和实践探索，收到不同的成效，形成各具特色的经验，也为其他发展水平国家的高等教育提供了参考。

该系列丛书的各卷，分国别谋篇布局，沿着多方位视角，述介高等教育改革发展现状和经验，但因所涉国情不同，"通览"或"透视"维度不同，各卷的板块章节设置亦各异。该系列丛书遵循"兼收并蓄""海纳百川"的精神，既选取了长期关注某一国家或相关领域的学者的研究成果，又汇集了曾在外交一线工作过的专家的专题分析结论；部分文章系从直接观察和亲身经历概括而成，从而形成了有别于学术专著的特色与风格。特别是在网络日益发达、信息早已过载的当下，在传统媒体、网络媒体、新媒体、自媒体纵横交错的生态中，该系列丛书各卷展示了理性分析和感性认识融洽交织的鲜明特点，相信会使读者朋友们感到开卷有益。

奋斗长征路，铸就新辉煌。中国特色社会主义进入新时代以来，教育事业在全面建设社会主义现代化国家中的基础性、先导性、全局性的作用更为突出，取得了新的历史性成就，发生了新的历史性变革，教育对外交流合作也迈上了新台阶。党中央、国务院发布的《中国教育现代化 2035》战略规划，围绕"开创教育对外开放新格局"提出了总体要求，党的二十大报告对新时代新征程高等教育的使命任务作出了新的战略部署。总之，站在"两个一百年"奋斗目标的历史交汇点上，我国高等教育的现代化，对标的是中国式现代化。高等教育的改革发展，正在融入加快建设教育强国、科技强国、人才强国的洪流之中，奔向中华民族伟大复兴中国梦的宏伟目标。笔者希望，该系列丛书能够为专家学者从事国别教育研究提供参考，同时为社会各界人士了解有关国家和地区高等教育的基本面提供帮助。

国家教育咨询委员会秘书长

张 力

教育部原教育发展研究中心主任

2022 年 12 月

前　言

　　欧洲联盟，简称"欧盟"，由欧洲共同体发展而来，是欧洲集政治实体和经济实体于一身的区域一体化组织，是世界多极化力量的重要一极，具有超国家属性。对于欧洲一体化的发展，欧盟之父让·莫内（Jean Monnet）有一句名言："如果重新开始的话，我会从教育开始。"

　　教育向来是塑造民族国家公民意识与身份认同的重要途径，由于事关国家主权，具有高度敏感性，加上欧盟各成员国数百年特有的教育传统等因素，使教育权成为各成员国难以割舍和让渡的重要职权。这也决定了欧盟高等教育的发展、治理和改革具有相当的复杂性和艰巨性。

　　欧洲共同体建立之后，在相当长的时期内并没有明确其在教育领域的职能与政策。直到20世纪70年代，这一状况才逐渐发生改变。1987年，欧洲共同体设立"伊拉斯谟计划"，开始大规模地推动成员国之间的师生交流。1999年，29国教育部部长在世界广泛公认的"最古老的大学"博洛尼亚大学签署《博洛尼亚宣言》，作为博洛尼亚进程的纲领性文件，确定欧洲范围内的高等教育系统的共同框架和质量保障体系，确立了到2010年建立欧洲高等教育区的目标。在《里斯本条约》和博洛尼亚进程推动下，作为主导性机构的欧盟逐渐获得在欧洲规则、欧洲机构以及泛欧国际组织三个维度进行超国家、多层级教育治理的能力，这种治理能力的增强使其得以在更广阔的高等教育领域和更深入的层面，有组织、成体系地实施政策和推动变革。

　　发展到今天，欧盟已发展成为一个拥有近5000所高校、1900多万名在校生、150多万名教职员工和43.5万名科研人员的庞大高等教育体系。在博洛尼亚进程推动下，欧盟国家已建立起统一学位制度、统一学分制和高等教育质量保障体系，用渐趋一致的步伐向教育国际化、公平化和终身化的方向发展，同时提升高等教育质量，推动教育与科技创新向数字化和绿色可持续转型，对欧洲一体化产生了积极且深远的影响。欧盟境内众多历史悠久、璀璨生辉的世界一流大学使欧盟的高等教育和科研实力位居世界前列，这些大学成为世界各国学生留学和研究的重要目的地。客观来说，欧盟教育治理还存在着大量问题，欧洲高等教育一体化也面临诸多挑战，但这些并不妨碍欧盟在高等教育领域的努力探索和改革成为人类教育史上伟大的尝试。从这个意义上说，欧盟高等教育又是成功的、独特的。

欧盟不仅重视欧洲教育系统内部面临的问题，也重视与中国等国开展大国教育外交，加强政策交流，确定重点合作领域。作为世界两大教育体系，中国和欧盟开展教育交流合作，根基深厚，前景广阔。双方在中欧高级别人文交流对话机制框架下，将继续开展更大规模的人员交流，实现更高水平的合作，构建开放包容、互学互鉴、面向未来的中欧教育共同体。

涉及欧盟高等教育的国内外文献浩繁，国内众多优秀的学者也做出了卓有成效的研究和努力。限于时间跨度和篇幅，本书在编著过程中仅选择部分重点领域做介绍和评析。希望通过我们的努力，为大家呈现欧盟高等教育的大体轮廓，提供一个观察欧盟教育的视角，希望本书对欧盟高等教育的关心者和研究者有所帮助。如有欠妥之处，敬请批评指正。

车伟民

2023 年 1 月 16 日

目 录
CONTENTS

特 色 篇

治理篇

欧盟教育政策发展、治理框架
及特点述评

  欧盟是当今世界上融合程度最高的政治、经济区域一体化组织，是由多个主权国家组成的超国家联合体，也是世界多极化格局中的重要一极。欧盟的形成可追溯至 1950 年法国外长罗伯特·舒曼（Robert Schumann）首次提出的"舒曼宣言"。在历经 1952 年欧洲煤钢共同体的成立、1958 年欧洲经济共同体和欧洲原子能共同体的成立之后，1967 年 7 月，欧盟的前身欧洲共同体成立。1991 年，欧洲共同体各国首脑在荷兰马斯特里赫特签署了《欧洲联盟条约》。1993 年 11 月，该条约正式生效，标志着欧盟正式成立，也意味着欧洲共同体（简称"欧共体"）由单一的经济实体走向了经济政治实体。此后，欧盟经历了七次扩容和英国脱欧，至 2020 年，形成了由 27 个成员国组成的区域一体化组织。

  在欧洲一体化进程中，教育政策作为欧盟整个政策体系的重要组成部分，很大程度上在促进公民欧洲认同、改善教育质量、提升职业能力和服务经济社会发展中发挥了积极作用。根据欧洲统计局的数据，2021年，欧盟 27 个成员国共有中小学校 20.6 万所，在校学生 6050 万人，中小学教师 517 万人；高校 4000 多所，在校生 1850 万人，教职员工 135 万人；各国留学人员 130 万人，其中 44% 来自欧洲，25% 来自亚洲，15% 来自非洲。① 本文在梳理已有研究文献的基础上，简要阐述欧盟教育政策的发展历程、教育治理的基础和基本特点，以期增进读者对欧盟教育治理基础的客观了解。

一、欧共体和欧盟教育政策的发展演进

两次世界大战给欧洲带来了巨大的创伤和惨痛的记忆。第二次世界大战后，欧洲的政治家们认识到，为了避免再次发生战争悲剧，恢复与发展西欧经济，并在日后与美、苏的竞争中抢占优势，必须消除贸易壁垒，在经济和工业发展中形成联合。从 1957 年《罗马条约》签订开始，伴随着欧洲一体化进程的演进，欧洲教育一体化也历经相应的探索、尝试和改革。发展到今天，教育政策已在欧洲一体化进程和多层治理中发挥着关键的作用。

具体而言，1957—1985 年是欧共体及欧盟教育政策的奠基阶段。在此期间，欧洲一体化曲折向前，资本主义经济高速发展，煤炭、钢铁等重工业取得了长足发展，要求教育源源不断地培养合格的产业工人。其间的标志性事件是1957 年签订的《罗马条约》提出，欧共体实施共同的职业培训。据此，1963年 4 月，欧共体理事会对共同职业培训政策的基本目标、实施原则和培训方式等做出初步的厘定。1976 年，欧共体教育部部长理事会通过《关于在教育领域开展一项行动计划的决议》，首次将教育领域的政策合法化。根据这一决议授权，欧共体开始推动成员国开展教育试点项目，将学校与就业市场有效衔接；决议中提出的"教育行动计划方案"也成为欧共体后续实施行动计划的开端，推动了教育政策在成员国的实施。② 其间，欧洲教育领域的机构、组织也相继成立，配合或落实欧共体在教育领域的决策部署和政策安排。例如，1975年欧洲职业培训发展中心在柏林（联邦德国首都，当时亦称"西柏林"）成立。总的来看，这一时期，教育仍然处于欧共体政策体系的边缘，欧共体的政策制定以及协调推动成员国教育发展的能力稍显薄弱。

---

① EUROSTAT. Tertiary Education Statistics ［EB/OL］.（2022−06−01）［2023−07−01］. https://ec.europa. eu/eurostat/statistics−explained/index.php?title=Tertiary_education_statistics#Participation_by_level.

② 冉源懋. 论欧盟早期教育政策的影响. 教育学术月刊［J］. 2014（09）：63−67.

1986—1999 年，欧共体及欧盟经历了长时间探索后，开始在教育领域尝试推行综合性政策，教育一体化取得了初步发展。这一时期，欧洲一体化取得了突破性进展，其标志是 1986 年通过的《单一欧洲法令》和 1993 年生效的《欧洲联盟条约》，系列法律文件使欧洲联盟的合法性得以确立。在此背景下，在教育领域构建"欧洲维度"，发展共同职业教育与培训，促进人员流动，推动高等教育国际合作等，成为这一阶段欧共体及欧盟推动教育发展的政策目标。1986 年，欧共体委员会出台了"欧共体教育、教学与培训计划"，鼓励大学与企业进行深入合作，服务经济社会发展。1987 年，欧共体设立了"伊拉斯谟计划"，通过大规模资助的方式，有组织、成体系地推动成员国之间的学生交流和师资流动，极大地推动了欧洲范围内的人员流动和教育合作。为进一步扫清欧洲各国人员流动过程中的语言障碍，欧共体 1989 年出台"灵格（Lingua）计划"，推动成员国实施共同的语言教学标准，开展多语言教学以消除欧洲一体化进程中的语言障碍。[①] 在前期探索的基础上，欧盟于 1995 年启动了为期 12 年的"苏格拉底计划"，提出了一揽子提升教育质量、促进国际交流与合作的行动计划，包括基础教育领域的"夸美纽斯计划"、高等教育领域的"伊拉斯谟计划"和终身教育领域的"格兰特威格计划"等 8 个行动计划。"苏格拉底计划"是欧盟推出的首个综合性教育计划，标志着欧盟高等教育治理现代化的开始。经过多次调整，欧盟于 2014 年 1 月正式启动"伊拉斯谟＋计划"，将此前的"苏格拉底计划"和职业技术教育领域的"达·芬奇计划"等囊括其中，形成了教育领域的旗舰项目。世纪之交，欧盟已不满足在传统意义上推动成员国之间的教育交流与合作，而是意图建立一个共同的高等教育体系，加速推动欧洲教育一体化进程。1999 年 6 月，欧洲 29 个国家的教育部部长在意大利签署《博洛尼亚宣言》，作为博洛尼亚进程的纲领性文件，提出到 2010 年建立欧洲高等教育区，实施统一的欧洲高等教育体系。同时，会议决定此后每两年召开一次部长会议，对博洛尼亚进程的进展进行评估，对下

① 房广顺，李若晴，李作章. 欧盟高等教育治理现代化：发展历程、政策逻辑与实践表征［J］. 现代教育管理，2021（10）：113-120.

一阶段的行动进行规划。在这一发展阶段，教育在欧洲一体化中的作用日益凸显，教育不再是经济一体化的副产品，而被视为欧洲一体化的功能性前提。教育的多层治理与政策执行也逐步规范化，教育政策开始在成员国得以协同落实。欧洲高等教育开始步入快速发展阶段。

21世纪头十年，欧盟教育进入了融合发展时期。2009年，《里斯本条约》经过长期谈判、妥协后生效，为欧盟的教育发展提供了法律依据，对欧盟的教育行政行为做了原则性规定，提出了欧盟教育行动的基本准则、目的、途径和方法。该条约为欧盟介入教育领域提供了新的法律基础，为欧盟教育一体化提供了更广阔的发展空间。这一阶段，欧盟教育政策的范围进一步拓展到基础教育，并出台了将各阶段教育贯通整合为统一的终身学习的计划方案，欧盟教育政策变得更加系统和全面。同时，欧洲高等教育区的建设得以启动，欧盟持续推动欧洲高等教育一体化进程，客观上推动各成员国教育呈现出融合发展的态势。欧盟虽并非博洛尼亚进程的发起者，但确实是发挥关键作用的参与方，后来居上，发挥了越来越大的作用。经过历次部长峰会和双年度评估会议的持续改革与推进，博洛尼亚进程有力推动了各国在高等教育领域内的改革与合作，在学制改革、学位互认与学分互换、人员流动和质量保障等方面取得了显著进展。[①]

2010年6月，欧盟正式通过了未来十年的发展蓝图，即《欧洲2020：智慧、可持续与包容性的增长战略》，同年发布《欧洲教育和培训合作2020战略框架》（又称"欧盟2020战略"），提出了欧盟教育面向未来十年发展的四大战略目标和测量教育进展的五个基准。"教育创新""能力培养"和"结构性改革"成为之后十年欧盟教育政策的关键词。为落实该战略，欧盟委员会教育与文化总司在2016年公布的《欧洲高等教育结构性改革》等系列报告中强调要增强研究型大学的创新能力，提升国际竞争力；要推动应用科技大学发展，培养高素质职业人才；推进高等院校重组联合，健全质量保障标准体系，提升

---

① 王小海. 欧盟教育政策发展五十年之历程［J］. 江苏社会科学，2009（S1）：58—63.

高等教育质量；希望进行改革，解决困扰欧洲高等教育发展的结构性问题，实现高等教育均衡可持续发展，等等。[①] 近年来，欧盟在高等教育领域将数字化转型和绿色可持续教育作为政策重点。欧盟委员会自 2017 年呼吁教育系统要"为数字时代做准备"以来，相继出台《数字教育行动计划（2021—2027）》和《关于绿色转型和可持续发展学习的建议》等一系列政策文件，推动成员国高等教育转型，以契合当下数字经济和低碳社会的发展。

二、欧盟教育治理框架

治理是调节政府行为的机制，是调和不同利益相关体并采取联合行动的过程。欧盟教育治理是指欧盟协调各种利益相关体，推动成员国、教育院校和各级各类教育组织等利益攸关方共同管理教育公共事务的持续性过程。[②] 欧盟作为一个超国家组织，其高等教育治理情况比较复杂，主要体现在几方面。一是多层级治理，主体比较多元。本节主要讨论欧盟层级的超政府治理。除此之外，还有国家及下属区域的教育治理，以及以欧洲大学协会等为代表的行业协会治理，这些不在本文讨论范围内。二是从根源上说，欧盟教育治理的方式取决于《里斯本条约》所确立的"辅助性原则"与"协调性原则"，这就决定了欧盟主要通过协商、谈判实现其在教育领域的价值诉求，寻求各治理主体的共同目标。三是欧盟治理的主要目标是追求欧洲区域一体化，这就导致欧盟教育资金和资源的配置必须更加注重成员国之间的公平和均衡，在一定程度上也为欧盟教育发展埋下了隐患。

（一）法源基础

欧盟作为一个区域一体化组织，其权力来源于各成员国让渡的部分主权。2009 年生效的《里斯本条约》明确规定了欧盟的机构组成方式、运行机制和决策机制等，成为欧洲一体化进程的新起点，为欧盟高等教育治理搭建了框架

---

① 张地珂，杜海坤. 欧洲高等教育结构性改革及其启示 [J]. 中国高等教育，2017（17）：62–63.
② 王洪才. 教育治理体系与治理能力现代化论略 [J]. 复旦教育论坛，2020，18（01）：12–18.

和结构。《里斯本条约》保留了关于欧盟权能的相关规定。除了在共同外交与安全领域内的权能，成员国还在不同领域赋予了欧盟不同的权能，称为"让渡权"，可分为专属、共享、政策协调和支持三种权能。其中，专属权能也是一种"硬治理"权力，是指欧盟完全享有而无须成员国政府批准的立法和行政权能，包括缔结关税同盟、制定商业竞争规则、制定贸易协定，以及制定欧元区国家的货币政策等。在这些专有领域的欧盟立法高于成员国国内法，直接对欧盟范围内全体成员的公民和法人生效。共享权能是指在欧盟尚未出台相关法律的领域，成员国政府可以立法并进行行政管辖，前提是该权能领域适用于商品、服务、人员和资本等生产要素自由流动的欧盟单一市场。政策协调和支持权能为"采取支持、协调和补充行动"的权能，是一种"软治理"权力，指欧盟只能对成员国在此领域的活动提供支持与协调，成员国拥有立法权和行政权，这些领域包括文化、教育、体育和社会政策。也就是说，欧盟在"教育、职业培训、青年和体育"等方面发挥政策协调、支持和补充作用，基于此推动域内教育改革发展，协调教育的国际交流合作等，这也确立了欧盟高等教育治理的基本原则。①

（二）基本原则

欧盟各成员国已经建构了相当完备的教育政策体系。显而易见的是，在欧盟成员国中，东欧和西欧成员国的教育发展基础存在差异，治理水平不一，不同教育政策体系之间并不兼容，各国都不愿让渡教育主权。因此，在《里斯本条约》中，欧盟提出在"教育、职业培训、青年和体育"方面享有"采取支持、协调和补充行动"的权能，这就决定了欧盟在高等教育领域须遵循"辅助性原则"和"协调性原则"，从而更加务实地协调各成员国的教育政策，达成共同的目标。

"辅助性原则"（subsidiarity）是指应尽可能地由较低层面的组织与机构进

---

① EUROPEAN COMMISSION. Communication to the Commission：Governance in the European Commission ［EB/OL］.（2020–06–24）［2022–10–10］. https://ec.europa.eu/info/sites/default/files/c_2020_4240_en.pdf.

行教育决策，并不断根据国家、区域和地方层面的实际情况来检验欧盟层面的教育行动是否恰当。明确地说，除非在欧盟层面采取教育行动要比在国家、区域和地方层面采取行动更为有效，否则，不得采取欧盟层面的教育行动。"辅助性原则"与"均衡性原则""必要性原则"密切相关，即欧盟任何教育行动不得超越实现条约目标的需要。1992 年 12 月，欧洲理事会将"辅助性原则"列入《欧洲联盟条约》，并对支撑辅助性的基本原则进行了界定。1997 年出台的《阿姆斯特丹条约》首次运用了"辅助性原则"。自此，欧盟委员会每年都要就"辅助性原则"的运用向欧洲理事会和欧洲议会提交专题报告。[①] 2001 年，欧盟机构改革协定提议应更多地考虑"辅助性原则"，而不是从立法简化的目标中转移出去，并主张建立政治或司法监控制度。

"协调性原则"（coordination）是指欧盟在各成员国相互并不兼容的教育政策、体系之间建立一种协调机制，以使各成员国采取相互兼容的教育政策，减少一体化发展带来的政策问题和摩擦。作为欧盟"软治理"的重要工具，"协调性原则"最初适用于欧盟的就业和经济政策。2003 年，欧洲理事会提出在各成员国教育政策和体系之间建立"开放的协调机制"，承认各成员国存在教育发展差异，且不干涉其现行的教育政策，只是在各成员国有关政策发生摩擦时，通过谈判促成协调。而且，这种协调一般不以欧盟的"共同政策"来取代成员国原有的教育政策，不寻求各成员国教育政策的"一致化"。在具体操作上，"协调性原则"通过形成共同目标，设立基准和指标，制定国家或地方战略以及开展监测四个步骤，有力推动了欧盟成员国教育政策的趋同。实践证明，该工具有效地发挥了多元治理的作用，改善了成员国的教育表现，加速了欧盟的教育一体化。可以说，"协调性原则"奠定了欧盟在域内教育改革和教育对外开放战略中的统筹规划和协调引领地位。[②]

---

① 欧阳光华. 一体与多元——欧盟教育政策述评［J］. 比较教育研究，2005（01）：11-15.
② 阚阅，谷滢滢. "软治理"中的"硬政治"：论欧盟教育治理中的开放协调法［J］. 教育发展研究，2021（13）：106-115.

（三）治理主体及基本程序

《里斯本条约》对原先的欧共体开展了结构性改革，改革的核心在于两方面：一是使欧盟取代了欧洲共同体，二是对欧盟机构进行了改革。此后，欧盟的内部机构欧洲理事会、欧盟理事会、欧盟委员会、欧洲议会、欧洲法院、欧洲经济与社会委员会和欧盟地区委员会，以及具备区域性影响力量的教育行业协会或国际组织等机构成为治理主体。①

1. 欧盟委员会

欧盟委员会是欧盟的常设执行机构，也是欧盟唯一有权起草法令的机构。作为欧盟政策执行的主要行政机构，欧盟委员会拥有行政权力，还负责法律提案、预算管理、决策执行和法规颁布，并在国际外交场合代表欧盟。欧盟委员会成员由欧盟理事会任命，并经由欧洲议会批准。欧盟委员会及其下设的教育与文化总司、欧洲议会及其下设的文化与教育委员会主要在超国家层面上考虑欧盟的教育政策。在高等教育领域，欧盟委员会是政策的主要动议者和起草方。欧盟委员会领导层共27人，分别来自27个成员国。

欧盟委员会的下设部门教育与文化总司负责牵头制定高等教育相关的政策，欧盟委员会就业、社会事务和包容总司牵头负责职业教育领域的相关政策。在教育领域，欧盟委员会一般发布两类政策文件：通讯（communication）和提案（proposal）。通讯一般用于政策评估、评论或行动计划的解释，简要概述未来政策，或对当前政策的细节安排进行说明。通讯不构成政策建议，也不产生具有约束性的新政策。提案是欧盟委员会向欧洲议会提出的立法建议，经欧洲议会审读修改，最终由欧盟理事会通过，成为建议（recommendations）。建议没有法律约束力，但一般会就教育领域的某个事项提出共同目标，设立基准和指标，提出欧盟委员会为实现目标而采取的一系列行动，并要求各成员国提出相应的具体落实方案。欧盟委员会将搭建平台鼓励互学互鉴，开展追踪监

① EUROPEAN NETWORK OF EDUCATION COUNCILS. Governance in Education［EB/OL］.（2016-05-30）［2022-10-10］. https://eunec.eu/sites/www.eunec.eu/files/event/ attachments/report_amsterdam.pdf.

测，推动欧盟成员国教育政策趋同和教育表现改善。

欧盟委员会政策形成的大致程序如下：教育与文化总司根据需要，协商咨询欧盟成员国的教育部门、欧盟委员会相关总司以及相关教育组织，在此基础上起草一份提案并提交法律部门审核，以保证其符合欧盟条约的精神并与现有的法律相一致。之后，由欧盟委员会总秘书处在有关总司和部门之间进行充分咨询，草案一旦准备充分，就会被列入下次委员会会议的议程。在会议上，欧盟委员会委员可以提出教育与文化总司草拟的立法提案，然后由欧盟委员会所有委员集体决定。如果 27 位委员中有至少 14 位委员赞成该提案，则欧盟委员会就会采纳该提案，并且该提案会获得整个欧盟委员会的无条件支持。之后，欧盟委员会通过向欧盟地区委员会和欧洲经济与社会委员会就教育政策进行咨询，听取欧盟理事会和欧洲议会的政策建议与反馈，不断修改和完善其提出的教育政策议案，最终寻求欧盟教育、青年与文化理事会和欧洲议会的批准。①

2. 欧洲议会

欧洲议会是欧盟三大机构之一，其前身是欧洲煤钢共同体议会，1962 年改称"欧洲议会"，是欧盟的立法、监督、预算和咨询机构，其地位和作用及参与决策的权力正在逐步扩大。欧洲议会下设的文化与教育委员会是欧洲议会在欧盟教育政策形成过程中的主要动议者和审议者，可以主动提出某项教育政策，但更多执行的是对欧盟委员会提交的教育议案的审议和反馈工作。它关于教育政策的观点和立场通常可以在议会大会上获得顺利通过而成为整个议会的观点和立场。欧洲议会文化与教育委员会的成员包括 1 位委员会主席、4 位副主席和来自 7 个不同欧洲议会党团的代表。欧洲议会处理教育相关法案的内部审核机制如下：首先，与教育相关的立法提案被送往议会下设的文化与教育委员会，该委员会委托草拟出一份报告，报告在委员会内部得到通过后，即交付

---

① DIRECTORATE-GENERAL FOR EDUCATION，YOUTH，SPORT AND CULTURE（EUROPEAN COMMISSION）. Higher Education Governance in Europe：Policies，Structures，Funding and Academic Staff [EB/OL]. （2011-01-25）[2022-10-10]. https://op.europa.eu/en/publication-detail/-/publication/f4a537e6-0e90-413b-98b1-e9bf9b1eb90c#_publication_Details_Publication_Details_Portlet_related_Publications.

议会讨论，并由起草人作为欧盟委员会的主要发言人在欧洲议会的全体会议上就该报告做有关说明。文化与教育委员会有义务对提案在立法上的正当性和适合性进行检查。然后，欧洲议会举行全体会议审核教育立法议案，并在修正案形成文本决议前进行投票表决。欧洲议会往往关注欧盟当前推进的战略性、全局性的教育改革或举措，例如欧洲高等教育区的建设、终身学习体系、教育数字化转型和欧盟对外教育国际合作等重大议题。

3. 欧洲理事会

欧洲理事会又称为欧盟首脑会议或欧盟峰会，是欧盟最高决策机构，由欧盟成员国各国元首或政府首脑及欧洲理事会主席、欧盟委员会主席组成。欧洲理事会决定欧盟的大政方针，尤其是外交方面的决策，遵循全体一致的决策原则。在欧盟教育政策形成机制中，欧洲理事会扮演着领路人的角色，它为欧盟教育的发展制定总方针，指引和规范着欧盟教育的发展方向。例如，欧洲理事会曾指出，为适应数字经济发展，必须将教育数字化转型置于优先发展的战略地位。

4. 欧盟理事会

欧盟理事会是欧盟的立法、政策制定与协调机构，由成员国政府部长根据讨论议题出席不同的会议。欧盟理事会实行轮值主席国制度，主席国由各成员国轮流担任，每半年轮换一次，负责安排和主持理事会各层次会议。在现有的 10 个部长理事会中，负责教育事务的理事会是欧盟教育、青年与文化理事会，它的主要参加者就是各欧盟成员国负责教育、青年与文化事务的部长。这些部长代表各国政府，在欧盟理事会这个政治舞台上尽可能地在实现国家间共同教育利益的同时，利用欧盟所具有的某些超国家的特性争取本国教育利益的最大化。欧盟教育、青年与文化理事会每年召开 3～4 次会议，除了文化事务采用"一致通过"的表决机制，其他事务均采用"有效多数表决制"。欧盟教育、青年与文化理事会的"主要任务是讨论来自欧盟委员会教育与文化总司的政策建议，并向常驻代表委员会内部的专家委员会和工作小组汇报工作，为教育部部长理事会会议做准备工作"。欧盟教育、青年与文化理事会与欧洲议会分享教育决策权，它们通过共同决策程序对欧盟的高等教育事务进行决策。

5. 欧洲经济与社会委员会

欧洲经济与社会委员会于 1957 年根据《罗马条约》成立，是欧盟的另一个咨询机构，代表中小企业、市民社会等经济和社会集团的利益，其代表由欧盟各成员国政府提名。欧洲经济与社会委员会可看作欧盟和其公民之间的一座桥梁，旨在推动形成一个更具参与性、包容性的社会。欧洲经济与社会委员会中负责为欧盟的教育政策提供咨询的下设机构是就业、社会事务及公民身份处。作为欧盟"有组织的公民社会"利益的代表，欧洲经济与社会委员会在欧盟教育政策形成机制中的作用还非常有限。

6. 欧盟地区委员会

欧盟地区委员会是欧盟的咨询机构，其代表来自欧盟各成员国的某个地区，他们通常是其所在城市或地区政府的领导人。欧盟其他机构必须就与地方利益直接相关的议题咨询欧盟地区委员会，欧盟地区委员会也有义务将自己的意见反馈给欧盟委员会、欧盟理事会或欧洲议会。欧盟地区委员会有 6 个专业委员会，其中与教育相关的是文化与教育委员会，它负责起草有关欧盟教育事务的政策咨询建议，并需要提交到欧盟地区委员会全体大会上，经表决通过后再提交给欧盟委员会、欧盟理事会或欧洲议会。

7. 欧洲法院

欧洲法院是欧盟的最高法院，有权审查由欧洲议会、欧洲理事会共同制定的法令的合法性；审查由欧盟委员会、欧盟理事会等制定的旨在对第三方直接产生法律效力的法令的合法性。欧洲法院的法官来自欧盟成员国，每个成员国 1 名。欧盟关于教育的政策、法案在形成过程中一般不需要经过欧洲法院的裁决，但如果欧盟各主要机构有不同意见，则可以通过诉诸欧洲法院来解决。某种意义上，欧洲法院关于教育案件的司法判决行使了规范性权力，对于欧盟基础性条约的漏洞和不足进行补充与修正。

8. 教育行业协会

教育行业协会是欧盟教育治理中一股不可忽视的力量。在欧盟主要机构所在地布鲁塞尔，活跃的泛欧教育组织有 200 多家。在有着高度自治传统的欧洲高等教育领域，这些行业协会在很大程度上发挥着政策拟定、政策游说、咨政建议、信息收集、监测评估和活动组织等职能。例如，在博洛尼亚进程中，由欧洲大学协会等组成的后续工作小组与欧盟委员会的职能相互补充，共同落实 48 个国家和地区教育部部长会议的决议。该工作组将在欧洲教育区和欧洲研究区的背景下在技术层面讨论欧洲高等教育政策倡议，促进高等教育机构的教育、研究和创新任务之间的协同作用，同时确保同欧洲高等教育区保持一致。①

三、欧盟教育治理的特点

欧盟在教育领域多年持之以恒的尝试、探索与变革，在现代教育史上书写了浓墨重彩的一笔。发展到今天，欧盟 27 个成员国乃至博洛尼亚进程覆盖的 48 个国家和地区，实现了 1999 年博洛尼亚进程启动之初既定的发展目标，基本实现了各成员国之间高等教育体系的兼容和融合发展，在有效推动区域教育一体化的同时保留了各成员国的教育传统与特色，推动了东西欧国家教育均衡发展，实现了欧盟区域内师生等人员的学术交流与科研合作。从欧盟教育发展的长远历史来看，欧盟教育治理呈现出以下特点。②

（一）高等教育作用日益凸显

在欧洲煤钢共同体和欧洲经济共同体成立之初，教育只是培养职业技术工人、服务经济发展的辅助性手段，作用非常有限。20 世纪 90 年代，随着欧盟制度发展和欧洲一体化的推进，教育逐渐被视为弥合社会分歧、促进公民认同、构建欧洲维度以及服务并推动经济产业转型升级发展的重要力量。《里斯本条约》签订后，欧盟不断加大对教育领域的政策资金投入，启动了一揽子教育行动计划，加大教育基础设施建设投入，建设统一标准的欧洲高等教育区，

---

① 申超，温建波. 多层治理视野下的欧盟教育政策形成机制研究［J］. 比较教育研究，2011，33（07）：64–69.
② 陈时见，冉源懋. 欧盟教育政策的历史演进与发展走向［J］. 教师教育学报，2014（05）：95–105.

促进人员流动并加大科研投入，等等。2010 年之后，教育还被视作欧盟外交的重要工具，针对东欧、巴尔干地区和中国、日本等国家，欧盟以教育、人文交流为抓手，建立了人文交流对话机制，逐步扩大其国际影响力。2019 年，欧盟委员会主席冯德莱恩（Ursula von der Leyen）上台后，将改善高等教育和提升科研实力作为提升欧盟竞争力的重要手段，推动欧盟高等教育数字化和绿色转型，抢占科技人才培养的制高点，成为欧盟治理的基石之一。

（二）改革与发展的步伐渐趋一致

1999 年启动的博洛尼亚进程是第二次世界大战后欧洲最重要、波及面最广的高等教育改革。随着参与博洛尼亚进程的国家数量增加和各项改革措施深入推行，欧洲数百年形成的高等教育体系发生了深刻变化。发展到今天，博洛尼亚进程已覆盖 48 个国家和地区，通过开放协调的方式建立起一个完善的多层治理体系，通过欧盟、成员国政府、高等教育机构、国际组织和师生等利益相关者的共同努力，构建起全面和完善的政策体系和结构性工具，建立起统一学位制度、统一学分制和高等教育质量保障体系。欧盟作为博洛尼亚进程的关键参与者和重要推动力量，不仅借此极大地推动了欧洲教育一体化的发展，建设了一个统一的欧洲高等教育区，同时也推动各成员国高等教育改革向国际化、公平化和终身化的方向发展，有效提升了高等教育质量，促进了国际交流合作，推动科技创新向数字化和绿色可持续发展转型，对欧洲一体化产生了积极且深远的影响。

（三）一体与多元的张力始终存在

一体与多元是辩证统一的，欧盟一体化所追求的是一种多元一体的动态平衡，但治理过程中的矛盾与冲突一直存在。欧盟各成员国在法律制度、经济社会和教育发展水平方面存在较大差异，文化教育传承的是千百年来各自民族国家的特色。而欧盟作为一个超国家政府组织，它追求区域一体化的政策和治理方式，难以避免与各国利益产生矛盾与分歧。尽管欧盟在此问题上非常谨慎，专门立法确立了教育领域治理的"辅助性原则"，即欧盟扮演辅助性角色，教育领域的决策应尽可能地由各成员国政府及其内部组织自行制定，但是，由于教育、语言、文化权能具有敏感性，是一个民族国家珍视的国家主权，一体与多元的矛盾和冲突也是客观存在的。而且，随着欧洲一体化程度的加深，这种矛盾并不会自行消亡。如何在欧洲一体化的进程中塑造欧洲公民共同体意识的同时，保持各成员国教育、文化与语言的多样性，将是欧盟教育政策的制定者不得不面对的问题。①

（四）治理效率与公平难以兼顾

欧盟内部机构决策程序的冗长拖沓导致了教育事务决策耗时较长，效率低下。诚然，欧盟教育政策各参与机构在教育政策形成过程中的制约与合作，在一定程度上有利于欧盟教育决策的开放与民主，但也正是各机构在教育政策动议、咨询、讨论、审议等环节上的相互牵制，使得欧盟教育政策形成的过程异常漫长，常常滞后于欧盟教育发展的现实需求。另外，中东欧、南欧国家教育欠发达的状况与西欧、北欧相对领先的教育现状存在较大差距，人员和优质教育科研资源持续流向西欧、北欧发达国家，对欧洲其他国家和地区形成了"虹吸效应"。欧盟在推进一体化教育治理过程中难以兼顾效率与公平。在教育治理效率与教育公平之间求得平衡，仍然是欧盟面临的一项艰巨任务。

［作者简介：张地珂，中国地质大学（武汉）外国语学院副教授；车伟民，中国驻欧盟使团教育文化处原公使衔参赞］

---

① 欧阳光华. 一体与多元——欧盟教育政策述评［J］. 比较教育研究，2005（01）：11-15.

博洛尼亚进程 20 年：欧盟高等教育一体化的过程、经验与趋势

"我们亏欠我们的学生和社会一个规模更大、更加高等的教育系统，他们本应在其中获得最好的机会去发掘自身的优势。"[1]1998 年，英、法、德、意四国负责高等教育的部长在索邦大学的校庆典礼上相聚并共同签署了《索邦宣言》，表达了欧洲对于高等教育的忧虑，由此，建设开放的欧洲高等教育区（European Higher Education Area，EHEA）的期许应运而生。1999 年 6 月，法、德、英等 29 个国家负责高等教育的部长齐聚博洛尼亚，共同签署了《博洛尼亚宣言》，揭开了博洛尼亚进程的帷幕。如今，博洛尼亚进程的愿景已经构建出了一个高度协作的欧洲高等教育区。随着全球化进程的深入，博洛尼亚进程正推动一个团结和强大的欧洲高等教育区不断发展，促成了一个具有更高的兼容性和可比较性的高等教育系统。

一、博洛尼亚进程的过程与经验

（一）过程

1998 年,《索邦宣言》的签署成为博洛尼亚进程的前奏；2010 年，欧洲高等教育区建立，标志着博洛尼亚进程进入十年新时期，由欧盟委员会牵头的

---

① ALLEGRE C, BERLINGUER L, BLACKSTONE T. Sorbonne Joint Declaration［A］. Joint Declaration on Harmonisation of the Architecture of the European Higher Education System，1998.

"里斯本战略"（The Lisbon Strategy）和"欧盟 2020 战略"（EU 2020 Strategy）与博洛尼亚进程相辅相成，为开放协调方式下的欧洲高等教育政策运行注入新动力①；2018 年，部长级会议在法国巴黎召开，博洛尼亚进程已走过 20 年历程，欧洲教育一体化一步步从梦想走向现实。在欧洲各国的努力之下，博洛尼亚进程致力于重塑欧洲高等教育，扎根于欧洲的科学文化传统，借助政府、高等教育机构、师生、国际组织等利益相关者的通力合作，通过结构化改革搭建欧洲高等教育的整体化框架，实现了构建兼具国际吸引力和竞争力的欧洲高等教育区的美好愿景，同时致力于在新的十年为建设更加美好的欧洲高等教育区而不断努力。

从博洛尼亚进程到欧洲高等教育区，这是一场席卷欧洲高等教育领域的结构化改革。对于欧洲而言，通过博洛尼亚进程构建欧洲高等教育共同框架，是欧洲高等教育区建成和发展的基础，也是不断提升欧洲高等教育国际竞争力的保障；对于成员国而言，在整体大框架下不断构建与欧洲其他国家兼容、可比的高等教育体系，是博洛尼亚进程最直接的要求。在博洛尼亚框架之下，结构化改革的重心正从结构化制定向结构化实施转变②，《欧洲高等教育区质量保障标准与指南》（European Standards and Guidelines for Quality Assurance in the European IIighcr Education Area，ESG）、"欧洲学分转换和累积系统"（European Credit Transfer and Accumulation System，ECTS）、总体和国家资格框架以及"文凭补充文件"（Diploma Supplement，DS）等各种博洛尼亚手段和工具在欧洲各国得以广泛构建、实施和发展，各国在高等教育上的差距不断缩小，壁垒被不断打破。以结构化工具为保障，实施已达成一致的结构改革，是巩固欧洲高等教育区的先决条件。欧洲高等教育区中的 22 个成员国已经完成了国家资格框架的全部 10 个实施步骤，31 个国家实现了文凭补充文件的自动颁发，欧洲学分转换和累积系统的实施接近完成，一半以上的成员国实现

---

① BARRETT B. Globalization and Change in Higher Education：The Political Economy of Policy Reform in Europe［M］. Houndmills：Palgrave Macmillan，2017：13.
② BERGAN S. The EHEA at the Cross-Roads. The Bologna Process and the Future of Higher Education［M］//CURAJ A，MATEI L，PRICOPIE R，et al. The European Higher Education Area：Between Critical Reflections and Future Policies. Cham：Springer，2015：729.

了高等教育支出占公共财政支出的 2.7% 以上。[①]2002—2016 年，欧洲 30～40 岁成年人中，高等教育完成率从 23.6% 增长至 39.1%[②]，越来越多处于社会不利地位的学生获得了接受高等教育的机会，能够在欧洲高等教育区甚至全球自由流动，学生的就业能力不断提升。欧洲的高等教育在聚焦全球吸引力的同时，正努力为全球的经济、政治和社会需求做好准备，甚至走在前列。

（二）经验

1. 社会层面：区域一体化与教育一体化的良性互动

博洛尼亚进程扎根于欧洲区域一体化的大环境。欧洲一体化的不断发展，对欧洲的教育一体化提出了新的要求。作为一场自发性改革，博洛尼亚进程不仅引发了欧洲高等教育的大规模变革，同时被视为 "跨国政策协调的模板"[③]，能够有效处理区域一体化过程中高等教育领域内的竞争与合作关系，协调区域一体化与教育一体化之间的矛盾冲突。博洛尼亚进程的开启和不断扩展，得益于多元一体、区域共治的 "欧洲模式" 所打造的独特格局：成员国政府起主导作用，超国家机构实行法规协调和多层治理。[④] 在经济一体化的前提下，欧洲共同的劳动力市场对人才的需求推动各国高等教育管理部门协调教育体制以培养合适的毕业生；一体化政策的弹性适用为博洛尼亚进程的开放协调实施提供了基础，这种灵活性为进程参与国提供了更多的选择权，减少了政策矛盾和正面冲突，是保证教育一体化顺利发展的前提和基础；政府间主义和超国家主义的动态平衡，既确保了各国政府在高等教育政策和决策上的主导地位，也有利

① EURYDICE. The European Higher Education Area in 2015: Bologna Process Implementation Report[R]. Ministerio de Educación, 2015: 39.

② BLEY S J, HAMETNER M, DIMITROVA A, et al. Smarter, Greener, More Inclusive? Indicators to Support the Europe 2020 strategy: 2017 edition [M]. Luxembourg: Publications Office of the European Union, 2017: 118.

③ VOEGTLE E M, MARTENS K. The Bologna Process as a Template for Transnational Policy Coordination [J]. Policy Studies, 2014, 35（03）: 246–263.

④ 吴志成, 刘丰. 比较视角下的欧洲一体化与欧洲治理—— "欧洲一体化与治理" 国际学术研讨会综述 [J]. 国外社会科学, 2007（02）: 89–92.

于各国在高等教育上的通力合作，促进了进程中统一的政策、制度的制定和推行，以及进程管理工作和咨询机构工作的开展。此外，推动博洛尼亚进程不断发展的部长级会议正是欧洲一体化进程中精英驱动模式的有效实践。①

与此同时，博洛尼亚进程作为欧洲教育一体化的推动力，也对欧洲一体化产生了积极的影响。其一，博洛尼亚进程推动了各国高等教育领域内的改革和发展，促成了欧洲高等教育区的建立，成员国覆盖范围已大大超过欧盟。同时，欧洲在国际高等教育市场之中的竞争力和吸引力大大增强，在国际留学市场上的份额得以提升，博洛尼亚进程甚至成为全球各地区高等教育改革的模板。欧洲高等教育区的不断发展，为欧洲经济和政治一体化发展提供了更多的可能。其二，欧洲各国在高等教育上的合作，特别是学生、教师和行政人员在各国之间的流动，极大地促成了欧洲各国之间的交流与资源共享，为欧洲共同的劳动力市场培养了大量优秀的毕业生。毕业生在共同的劳动力市场中的流动以及欧洲研究区的不断发展，促进了人力、知识、技术等在欧洲高等教育区内的自由跨界流动，进一步推动了欧洲一体化。教育一体化与欧洲一体化相辅相成，互相作用。

2. 治理层面：会议推进与制度建设的相互协调

博洛尼亚进程为欧洲高等教育区打造了独特的高等教育政策体系，改变了以往成员国"各自为政"的局面，通过各项政策制度保障各国在高等教育领域内的兼容性。在这个过程中，通过会议推进目标确立、制度建设和成效监测，成为博洛尼亚进程中高等教育结构化改革的独特治理经验。博洛尼亚进程和欧洲高等教育区的发展，旨在建立更具包容性和更加透明的欧洲高等教育体系。迄今为止，欧洲高等教育区内各国在高等教育政策上接近趋同，但同时也保留着各自的国内特色，学生和毕业生能够在欧洲高等教育区内自由流动，学分的转换和累积成为现实，不同阶段的学习者可以通过高等教育进入劳动力市场或者继续学习……这一愿景的实现，得益于博洛尼亚进程定期召开的高等教

---

① 刘文秀. 欧洲一体化性质及特点［J］. 国际问题研究，2004（02）：63-66.

育部长级会议，以及与之相伴的有条不紊的制度建设的推动。

博洛尼亚进程每一到两年举办一次部长级会议，由成员国负责高等教育的部长共同参与。会议回顾前几年进程所取得的进步，并为接下来的发展确定优先事项，发布宣言或公报。在部长级会议的背后，博洛尼亚进程蕴藏着一个复杂的治理结构，这一结构不仅由各个成员国组成，还包括了欧盟委员会、欧洲学生联盟、欧洲大学协会、欧洲高等教育协会、联合国教科文组织欧洲高等教育中心、欧洲产业联盟等，涉及教育、经济、社会等各个层面。[①] 对进程实施状况的监测和评估也随之展开，不断增加的盘点程序，流动性、社会维度、就业能力等相关数据的收集和分析，对透明度工具的监测，以及由后续工作小组所准备的进程发展报告，都可为博洛尼亚进程的下一步发展提供借鉴。

从《索邦宣言》到《耶烈万公报》，每一份宣言、公报都见证了欧洲高等教育新的发展和未来展望。通过会议推进，博洛尼亚进程的各项制度不断建立并完善（表1）。学位制度从两阶段扩展到三阶段，博士阶段被纳入其中，学位系统更加完善；为实现更好的流动，社会维度和资格认可被纳入制度框架，"流动，为更好地学习"战略得以实施；为更好地实现教育一体化，"欧洲高等教育区总体资格框架"（QF-EHEA）和各国的国家资格框架得以构建，《里斯本条约》被纳入国家立法之中；为更好地实现高等教育的发展，高等教育的公平性和终身教育被提上议程；为实现更加透明化的质量保证，《欧洲高等教育区质量保障标准与指南》被采纳，欧洲高等教育质量保障注册中心（European Quality Assurance Register，EQAR）成立；为了实现更好的监测与反馈，博洛尼亚进程后续工作小组成立，常见的指标数据被加以收集和引用，形成各阶段的国家发展报告和博洛尼亚进程总体发展报告。博洛尼亚进程和欧洲高等教育区的各项制度伴随着会议的开展不断推进。

---

① HEINZE T, KNILL C. Analysing the Differential Impact of the Bologna Process: Theoretical Considerations on National Conditions for International Policy Convergence [J]. Higher Education, 2008, 56（4）: 497–498.

表 1　博洛尼亚进程：从《索邦宣言》到《耶烈万公报》

制度内容	《索邦宣言》	《博洛尼亚宣言》	《布拉格公报》	《柏林公报》	《卑尔根公报》	《伦敦公报》	《鲁汶公报》	《布加勒斯特公报》	《耶烈万公报》
流动性	关注师生的流动性	关注学生、教师、研究者和行政人员的流动性	关注流动性的社会维度	关注贷款和资助的异地通用性，改善异地流动性数据	关注签证与工作许可	应对签证、工作许可、养老金体系和认证制度的挑战	到 2020 年实现 20% 学生整体的流动性基准	探索实现学术资格的自动认可方式	提升教职工的流动性
学位认可	共同的两阶段学习系统	易于理解和比较的学位	公平认可，发展对联合学位的认可	将博士阶段纳入第三阶段	采用"欧洲高等教育区总体资格框架"；启动国家资格框架	2010 年国家资格框架建立	2012 年国家资格框架建立	为尚未建立的国家资格框架创建新路线	在《欧洲高等教育区总体资格框架》中加入短期阶段的资格
社会维度			社会维度	平等准入	强化社会维度	承诺制订能得到有效监测的国家行动计划	到 2020 年测量国家社会维度目标实现	优化促进高等教育准入和提升完成率的政策	促进性别平等，关注劣势背景学生
终身学习和就业			终身学习	国家终身学习政策，对先前阶段学习的认可	高等教育学习路径的灵活性	界定高等教育中终身学习的角色，为增强就业能力加强合作	将终身学习作为公共责任，加强终身学习，呼吁努力增强就业能力	通过与雇主合作，提高就业能力，终身学习能力和创业技能	在工作和生活中培养毕业生的就业能力

续表

制度内容	《索邦宣言》	《博洛尼亚宣言》	《布拉格公报》	《柏林公报》	《卑尔根公报》	《伦敦公报》	《鲁汶公报》	《布加勒斯特公报》	《耶烈万公报》
学分系统	学分的使用	学分系统（欧洲学分转换和累积系统）	欧洲学分转换和累积系统，文凭补充文件	欧洲学分转换和累积系统的学分累积功能		需要统一使用工具，统一实施认可	确保博洛尼亚工具的继续使用	确保博洛尼亚工具是基于学习成果使用的	改进欧洲学分转换系统使用手册
质量保障		欧洲在质量保障方面的合作	质量保障与认可专业人员之间的合作	机构、国家和欧洲三个层面的质量保障	采用《欧洲高等教育区质量保障标准与指南》	建立欧洲高等教育质量保障注册中心	质量成为欧洲高等教育区的首要关注点	允许欧洲高等教育质量保障注册中心在欧洲高等教育区内发挥作用	制定联合项目质量保障的欧洲方法
目标	知识的欧洲	高等教育的欧洲维度	欧洲高等教育区的吸引力	欧洲高等教育区与欧洲研究区的联系	基于价值与可持续发展的国际合作	采纳提升博洛尼亚进程全球维度的策略	通过博洛尼亚政策论坛加强全球对话	对2007年实施的全球战略进行评估，对接下来的发展提供指导	提升高等教育系统的包容性

资料来源：EURYDICE. The European Higher Education Area in 2015: Bologna Process Implementation Report [R]. Ministerio de Educación, 2015: 25.

3. 实施层面：顶层设计与渐进调适的相互配合

博洛尼亚进程是一套自上而下的高等教育改革，然而，政府层面的《博洛尼亚宣言》本身并不具有法律约束力，也不需要强制遵循。一直以来，博洛尼亚进程中的政策制定和实施一直通过开放协调的方法得以推动。博洛尼亚进程的管理机构为欧洲高等教育区的高等教育发展规划蓝图，而各国政府和高等教育机构则往往综合考虑国家参与者的观念、偏好和策略实践采用不同的应对方式。[①] 开放协调的实施方式为各国在教育、就业等方面的最佳实践提供了可能，有力推动了顶层设计与渐进调适相结合的实施模式。

博洛尼亚进程的开展得益于成员国的教育部部长、各国政府、高等教育机构、学校师生以及国际组织的参与和合作，多元化的主体参与为博洛尼亚进程的顶层设计奠定了基础。最初十年，《博洛尼亚宣言》提出了五大发展目标：增强学生、教师、研究者和行政人员的流动性，建立更加易于理解和比较的学位系统，推行欧洲学分转换和累积系统，在质量保障上建立欧洲合作，强化高等教育的欧洲维度。这些目标最终指向在 2010 年建成欧洲高等教育区，推动欧洲高等教育一体化。2010 年欧洲高等教育区的建立，不仅意味着博洛尼亚进程目标的达成，也标志着进程进入实施和巩固阶段，到 2020 年建设更加美好的欧洲高等教育区的目标已经确立，新十年的优先发展事项构成了新时期进程的顶层设计（表2）。[②]

表 2　欧洲高等教育区新十年顶层设计

新十年总体目标：到 2020 年建立更好的欧洲高等教育区		
学位和资格	三阶段学位系统	三阶段学位的实施 高等教育短期项目 第三阶段项目……

① SIN C, SAUNDERS M. Selective Acquiescence, Creative Commitment and Strategic Conformity: Situated National Policy Responses to Bologna [J]. European Journal of Education, 2014, 49（04）: 531.
② COMMUNIQUÉ L. The Bologna Process 2020 — The European Higher Education Area in the New Decade [C]//Communiqué of the Conference of European Ministers Responsible for Higher Education, 2009.

续表

新十年总体目标：到 2020 年建立更好的欧洲高等教育区		
学位和资格	博洛尼亚工具	国家资格框架 欧洲学分转换和累积系统 文凭补充文件……
	资格框架与认可	欧洲高等教育区总体资格框架 国家资格框架 《里斯本条约》 资格的自动认可……
质量保障	内部的质量保障	内部的质量保障
	外部的质量保障	《欧洲高等教育区质量保障标准与指南》 质量保障中的雇主参与 欧洲高等教育质量保障注册中心 欧洲质量保障论坛……
社会维度	提升高等教育的参与度	免费提供高等教育 大量提供贷款与补助，增强异地通用性 增加大学学位数 向弱势群体（残疾人群、移民群体、低收入群体、非 　母语群体）提供帮助……
	拓宽高等教育通道	对非正式、非正规学习的认可 对先前阶段学习的认可……
终身学习	灵活的学习路径	多样化的高等教育项目 对非正式、非正规学习的认可 对先前阶段学习的认可 兼职研究、学习机会的提供……
就业能力	劳动力市场需求	劳动力市场和所需技能预测 与雇主的对话……
	可就业的毕业生	实习培训和工作安排 职业指导 流动性……
国际化和流动性	国际化	国家、机构层面的参与 博洛尼亚政策论坛 "全球环境下的欧洲高等教育区"战略……
	流动性	教师、学生和行政人员的流动 流动性学习项目 "流动，为更好地学习"战略 消除流动的障碍（签证、认可等）……

资料来源：《2015 年博洛尼亚进程报告》《欧洲高等教育区工作计划》及公报。

多主体参与的顶层设计通过会议为博洛尼亚进程提供保障，各国在博洛尼亚框架下对本国的高等教育体系进行渐进调适。博洛尼亚进程展现了一体化与多元化并存的特色，这是一个不断调整和探索的过程。[①] 在资格框架上，各国在欧洲高等教育区总体资格框架的基础上保留各自国家特色，构建自身的国家资格框架；在资格认可上，各国调整其高等教育政策甚至立法，以更好地促成《里斯本条约》在欧洲高等教育区内的普及；在流动性上，各国高等教育机构在统一使用博洛尼亚工具的基础上，基于各国实践开展各种流动性项目；在质量保障上，几乎所有国家都已在立法中明确构建内部的质量保障体系，高等教育机构被要求建立自身的质量保障和发展战略；在社会维度上，在增加高等教育入学机会的基础上，各国纷纷出台各项政策措施加以保障，如挪威通过出台指导性文件，采取普遍性措施——取消学费，确保每一个学生都有机会获得补助或贷款，来扩大高等教育的覆盖面。[②]

二、博洛尼亚进程的趋势与挑战

20 年来，博洛尼亚进程不断发展和演进，其主要的目标、项目框架和政策体系已经基本成形，正不断向实施和巩固阶段转型。欧洲高等教育区日益增强的国际竞争力向全球展现了博洛尼亚进程取得的卓越成就。与此同时，全球化的背景对博洛尼亚进程提出了新的挑战，高等教育的范围将不仅仅局限在欧洲，更是遍及各个主体，贯穿终身，甚至是全球参与。

（一）博洛尼亚进程中高等教育国际化继续推进但动力不足

欧洲一体化推动了欧洲教育一体化的发展。伴随着经济、政治全球化的不断发展，教育国际化日益成为各个国家和地区教育改革和发展的热点话题。高等教育国际化是教育全球化的主要表现形式。20 世纪 80 年代以来，高等教

---

① 蔡宗模. 十年博洛尼亚进程的经验与启示：张力视角 [J]. 外国教育研究，2011，38（02）：78–84.
② EURYDICE. The European Higher Education Area in 2015：Bologna Process Implementation Report[R]. Ministerio de Educación，2015：115.

育国际化已经成为世界高等教育发展的重要趋势。在全球化的大背景下，提升欧洲高等教育区在全球范围内的竞争力和吸引力，实现欧洲高等教育国际化，将成为欧洲高等教育区未来发展的重中之重。

国际流动（特别是学生的流动）无疑是全球背景下欧洲高等教育区发展过程中的重要组成部分。"流动，为更好地学习"战略实施将不断加强，以更好地在 2020 年实现至少 20% 的欧洲高等教育区毕业生有在国外学习和培训经历的目标。[①] 国际流动不仅仅局限于教师、学生和行政人员在欧洲高等教育区内部的流动，也包括在欧洲高等教育区外的流动和非欧洲高等教育区国家学生的流入。数据显示，相较于高等教育总体入学人数而言，在学位流动上，无论是欧洲高等教育区内学生的流出还是非欧洲高等教育区国家的学生流入，数量都是极其有限的。同时，流出地和流入地的分布还存在很大的不平衡性。在欧洲高等教育区内的大多数国家，学生在学位流动上的流入率和流出率都低于5%。[②] 欧洲高等教育区国家面临的最大的不平衡，往往不是来自教育区内的国家间的学生流动，而是来自这一教育空间之外的学生流动，即国际市场。[③] 与此同时，国际流动还带来了人才流失的问题，进一步引发了对国际化的价值的探讨。

除了学生流动，在实现欧洲高等教育区国际化的过程中，高等教育机构和国家的参与也不容忽视。在欧洲高等教育区的未来发展中，随着国际化趋势的不断加强，机构和国家的作用对国际化的全面战略来说必不可少，国际合作将进一步开展，越来越多的联合项目以及学位与跨境合作项目将会被构建。特别是随着教育技术的不断发展，大型开放式网络课程（Massive Open Online Courses，MOOCs）等"互联网 + 教育"的形式或许将成为高等教育国际化的

---

① COMMUNIQUÉ L. The Bologna Process 2020 — The European Higher Education Area in the New Decade[C]//Communiqué of the Conference of European Ministers Responsible for Higher Education，2009.

② EURYDICE. The European Higher Education Area in 2015：Bologna Process Implementation Report[R]. Ministerio de Educación, 2015：229-231.

③ FERENCZ I. Balanced Mobility Across the Board — A Sensible Objective?[M]//CURAJ A，MATEI L，PRICOPIE R，et al.The European Higher Education Area：Between Critical Reflections and Future Policies. Cham：Springer, 2015：27-41.

新路径。站在更大的世界舞台上,博洛尼亚进程不断推动欧洲高等教育区与世界联结,在助推国际流动、设置联合项目与联合学位、促进研究乃至建立海外院校等方面实现国际合作。博洛尼亚政策论坛的平台建设,为加强欧洲与中东、北非和亚洲等地区的国家在高等教育领域内的政策对话和合作提供了可能,通过与联合国教科文组织的良性互动助推欧洲高等教育的全球化。作为地区高等教育领域内成功合作的范本,博洛尼亚进程下的政策框架为亚洲、拉丁美洲等地区的区域教育一体化实践提供了借鉴。

国际化战略的推动无疑需要庞大的资金支持和系统的制度保障,巨大的现实投入与短期收益的不稳定性最终导致了博洛尼亚进程中各国在国际化战略上的动力不足。大多数国家都在其指导文件中鼓励高等教育国际化,然而一半以上的国家并没有相应的国际化战略以指导国际化进程中的种种利益相关者,许多国家的高等教育机构也缺乏全面的国际化战略。[①] 对高等教育机构而言,"在全球化的浪潮下博洛尼亚框架的边界能否保持完整,全球市场下个体的高等教育机构在进程中究竟能否获益"[②],成为博洛尼亚进程是否具有可持续性的关键,也是学者质疑的焦点。不同国家间在课程与学分的灵活认定和转换上的困难,以及资金和语言问题,进一步弱化了学生参与国际流动的动力。对于一些专业化程度较高的学科而言,不同国家在专业资格认定过程中的差异,尤其是在课程规定上的差异,直接制约了这些专业的学生进行国际流动的可能性。与此同时,在高等教育国际化的进程中,欧洲高等教育区与世界不同高等教育体系间的融合成为新的挑战。相对于欧洲教育一体化而言,高等教育国际化将面临更为复杂的全球局势和竞争市场,不同文化间的交流和碰撞必然需要更为全面的物质保障和制度支撑。同时,欧洲高等教育区内不同国家间在高等教育国际化进程中的利益分配也将引发新的博弈。

---

① EURYDICE. The European Higher Education Area in 2015: Bologna Process Implementation Report[R].
Ministerio de Educación, 2015: 211.
② BLASS E. Is Bologna Sustainable in the Future? Future Testing the Bologna Principles [M]//CURAJ A,
SCOTT P, VLASCEANUL, et al, European Higher Education at the Crossroads: Between the Bologna
Process and National Reforms. Dordrecht: Springer, 2012: 1069–1070.

（二）博洛尼亚进程中高等教育公平的提升受到财政制约

瑞典教育家托尔斯顿·胡森（Torsten Husen）指出，教育机会均等在三个不同时期有着不同的含义，经历了起点均等论、过程均等论和结果均等论三个阶段。[①] 欧洲各国将高等教育视为一项社会责任，确保高等教育的平等准入，这一点意义重大。2005 年《卑尔根公报》明确指出："高质量的高等教育应对所有人平等准入，为学生提供适当条件，以便他们可以完成学业，不受与其经济和社会背景相关的困难所阻碍。"2007 年，促使高等教育机构在读和毕业的学生体现欧洲人口的多样性，成为高等教育平等准入的目标。一直以来，欧洲高等教育区为确保高等教育对所有群体的平等准入、扩大教育对各个层次的群体特别是非代表性群体的覆盖面、为学生提供适当的条件以帮助其完成学业、减小乃至消除其经济和社会背景带来的阻碍而不断努力。

博洛尼亚进程中的高等教育公平问题主要表现在两方面：其一是家庭和社会背景所造就的弱势群体的教育不公平。在移民问题上，几乎所有国家学生的移民背景与高等教育程度呈负相关。在外国出生的年轻人相对于本地的学生而言，更可能在早期退出教育和培训。同样，父母的教育背景对学生在高等教育方面的成就产生巨大影响，父母只受过中等教育的孩子比父母受过高等教育的孩子获得高等教育的机会要少得多。其二是根深蒂固的文化偏见所造成的性别在专业上的不平等。尽管在欧洲高等教育区内的大多数国家，女性在学生总数和新入学人数中的占比都在 50% 以上，但不同专业间的性别不平衡严重。在工程、计算、运输、安保服务及建筑领域，只有不到 1/3 的新进入者是女性；在社会服务、保健和教育科学领域，女性在新进入者中所占的比例超过 70%。[②]

如何减少甚至消除社会经济背景对弱势群体参与高等教育的影响，成为各个国家和地区保障高等教育公平面临的巨大挑战。对于博洛尼亚进程的成

---

① 张良才，李润洲. 关于教育公平问题的理论思考［J］. 教育研究，2002（12）：35-38.
② EURYDICE. The European Higher Education Area in 2015：Bologna Process Implementation Report［R］. Ministerio de Educación，2015：106-109.

员国而言，教育财政的投入无疑是第一位的。增加教育财政的投入，既能够在整体上提升高等教育的参与度，同时又能为弱势群体，如残疾学生、少数民族学生和家庭条件困难的学生接受有针对性的补助提供条件。然而，由于经济发展水平的差异，各国的财政支付能力不均衡，对高等教育的偿付功能也存在差异。丹麦、芬兰和挪威等国为所有学生都提供了免费的高等教育以及慷慨的补助和贷款，然而希腊、卢森堡、马耳他等国的学生依旧需要支付相对高的学习费用，格鲁吉亚、哈萨克斯坦和立陶宛三国的学生甚至需要在高等教育过程中支付人均国内生产总值（GDP）100% 以上的费用。[①] 与此同时，伴随着越来越多的学生进入高校，学生人数与高等教育经费的平衡被打破，中欧和东欧不少国家都面临着公共资金和学生入学率之间的缺口。高等教育经费的有限性制约着欧洲高等教育区内高等教育参与度的大幅提升，同时，高等教育经费投入的不平衡又引发了区域内各国间在高等教育参与上的不公平。

"欧盟 2020 战略"要求，到 2020 年至少 40% 的年轻人（30 ~ 34 岁）能够完成高等教育或者同等的教育。[②] 为确保高等教育的参与度，高等教育的公平性问题受到普遍关注。高等教育公平的巩固和提升需要三方面条件：其一是高等教育普及，提高各个群体的高等教育入学率和完成率，拓宽高等教育的准入渠道，提供更多与高等教育同等的教育项目，完善对非正式、非正规学习的认可制度；其二是减少甚至消除学生的社会背景对于其获得和完成高等教育的影响，增加高等教育的财政投入，为学生提供更多的保障和帮助；其三是完善各类监测数据，以便更好地进行数据统计和后续跟进，为补助和指导提供参考。

（三）博洛尼亚进程中高等教育内外部质量保障加强但参与不够

一直以来，高等教育、研究和创新在增强社会凝聚力、促进经济增长和提升全球竞争力上发挥的作用不容忽视。在以学生为中心的学习环境下，伴

---

① EURYDICE. The European Higher Education Area in 2015: Bologna Process Implementation Report [R]. Ministerio de Educación, 2015: 132.

② BLEY S J, HAMETNER M, DIMITROVA A, et al. Smarter, Greener, More Inclusive? Indicators to Support the Europe 2020 Strategy: 2017 Edition [M]. Luxembourg: Publications Office of the European Union, 2017: 118.

随着各种形式的学习路径被广泛采用，为确保博洛尼亚框架下各项举措落到实处，质量保障必不可少。博洛尼亚进程中的质量保障涉及内部和外部的双重保障。通过制定可比较的标准和方法来促进质量保障方面的欧洲合作，是博洛尼亚进程最初提出的六大目标之一。2005 年，《欧洲高等教育区质量保障标准与指南》出台，为高等教育外部质量保障以及质量保障机构的运作提供了标准和指导。2008 年 3 月 4 日，欧洲高等教育质量保障注册中心设立，这是博洛尼亚进程中出现的第一个法律实体。注册中心以《欧洲高等教育区质量保障标准与指南》为参照，审核外部质量保障机构是否合格，有效提高了欧洲高等教育质量保障的透明度，提升了外部质量保障机构的可信度和专业性。[1]

自博洛尼亚进程开展以来，几乎所有国家都要求高等教育机构建立内部质量保障体系，22 个国家建立了外部质量保障机构。2015 年的《博洛尼亚进程报告》承诺将允许有资格的国外高等教育评估机构参与，促进高等教育质量的内外部保障。

尽管质量保障体系发展迅速，在内外部质量监督和保障的过程中依旧存在着参与不够的现状，主要分为两方面。其一是学生在质量保障过程中的参与度不足，近些年来各国在学生参与质量保障上几乎毫无进展。[2]究其原因，一方面由于质量保障系统最初设计时在参与主体上存在局限性，并没有过多地考虑到学生主体的作用；另一方面，让学生参与质量评估有可能会降低最终的评估分数，造成既得利益的损失，因此高等教育机构对学生的参与更多地采取无动于衷的态度。其二是跨境质量评估机构的参与度不足。2012—2015 年，仅有奥地利和亚美尼亚两国相继开放了跨境评估。与此同时，一些开放跨境评估的国家并没有严格遵循评估机构应被欧洲高等教育质量保障注册中心列入的要求，也就意味着这些跨境质量评估机构很有可能是不合格的，这在很大程度上影响了外部质量监督和评估效果。

---

① 蒋洪池，夏欢. 欧洲高等教育区外部质量保障：标准、方式及其程序［J］. 高教探索，2018（01）：83—87.

② EURYDICE. The European Higher Education Area in 2015：Bologna Process Implementation Report［R］. Ministerio de Educación，2015：104.

高等教育质量保障的贯彻和加强，其一在于高等教育机构本身应参与内部质量保障的过程。高等教育机构本身应该承担质量监督的责任，机构本身的自主权需要提升，高等教育机构需要建立自身的质量保障和提高战略。与此同时，学生对质量保障的参与度也有进一步提升的可能。学生作为高等教育的主体之一，对于高等教育机构提供的教育的质量具有最直观的感受，但目前学生在质量保障中的参与度还不明显。其二在于高等教育外部的质量保障。各国建立的质量保障机构和制定的质量保障方法是保障本国高等教育质量的有力手段。在欧洲高等教育区的进一步发展中，《欧洲高等教育区质量保障标准与指南》将继续为质量保障提供框架和指导。与此同时，质量保障的透明度和可信度也将进一步提升。伴随着外部质量保障主体的多元化和国际化，各个国际组织和地区性组织在质量保障中的作用将进一步加强，全球范围内对博洛尼亚进程的关注也将对质量保障提出新的要求，更多的外国机构将参与欧洲高等教育区高等教育质量的审查。

（四）博洛尼亚进程中学生就业能力的提升与劳动力市场的变化

博洛尼亚进程将高等教育视为一项社会责任，所有的高等教育机构都需要通过履行其多样化的使命为社会的广泛需要负责。伴随着社会的不断发展，劳动力市场越来越依赖更高的技能水平，这也就意味着高等教育应该使学生具备其职业生涯中所需的先进的知识、技术和能力。在2009年的《鲁汶公报》中，培养毕业生的就业能力被列为高等教育在未来十年间的优先发展事项之一。2015年《耶烈万公报》明确指出："在工作生活中培养毕业生的就业能力是欧洲高等教育区的重要目标之一。我们需要确保，在每个学习阶段的最后，学生都能够掌握进入劳动力市场所需要的能力，同时在此基础上能够在今后的工作生活中发展需要的新能力。"

博洛尼亚进程致力于锻炼和提升高等教育毕业生的就业能力，一体化的教育体系为高等教育毕业生在欧洲高等教育区内提供了相对稳定的劳动力市场地位和收入优势。然而，劳动力市场并非一成不变，在经济全球化影响下，劳动力市场正不断扩展。对于高等教育毕业生而言，国际化的劳动力市场在带来更多机会的同时，意味着更多的来自高等教育区外的竞争对手和更大的竞争压力。与此同时，当劳动力市场受到冲击，需求突然下降时，高等教育的就业保障作用难以维持，高等教育毕业生在就业前景方面受到经济危机的严重打击。在一些国家，如希腊、波斯尼亚等，高等教育毕业生失业率的增长幅度甚至超过受教育程度较低的同龄人，收入优势下降。[1] 刚刚迈出大学校门的毕业生由于缺乏实践经验，在市场竞争中处于劣势，越来越多的毕业生转而选择处于自身能力水平之下的职位，以谋求更多的工作机会。

毕业生在就业过程中之所以面临种种困境，其中一个重要原因便是高等教育在应对劳动力市场变化时的滞后性。社会的不断变化所引发的高等教育毕业生就业难题，促使高等教育政策制定者更加关注毕业生的就业能力。毫无疑问，欧洲高等教育区内各国将采取更多的政策措施，通过各种各样的方式促使毕业生能够掌握进入劳动力市场并适应今后发展需要的就业能力，不断加强高等教育机构、学生同雇主的对话，收集当下劳动力市场的能力需求信息，对学生加强职业指导，实施理论和实践相结合的教学项目，培养学生的创业精神和创新技能，为学生顺利进入劳动力市场、获取合适的工作机会提供保障；同时关注毕业生的职业发展，进行数据收集与监测，建立相应的反馈机制，保障高等教育的长效性。

（五）博洛尼亚进程中终身学习推进的有利条件与困境

随着经济和社会的不断发展，知识更新速度日益加快，学校提供的正式学习形式已然不能满足社会的需求。"如果我们承认，教育现在是，而且将来也越来越是每一个人的需要，那么我们不仅必须发展、丰富、增加中小学和大学，而且我们还必须超越学校教育的范围，把教育的功能扩充到整个社会的各

---

[1] EURYDICE. The European Higher Education Area in 2015: Bologna Process Implementation Report [R]. Ministerio de Educación, 2015: 185.

个方面。"①促进终身学习是欧洲高等教育区内各国公认的使命。"终身学习符合社会责任原则。易获得性、供给质量和信息的透明度应该加以确保。终身学习包括资格的获得、知识和理解的扩展、新技能和能力的积累以及个人成长经历的丰富。终身学习意味着资格可以通过灵活的学习路径获取，包括间断的学习以及基于工作的路径。"《鲁汶公报》将终身学习列为欧洲高等教育区未来发展的优先事项之一。

在博洛尼亚进程中，终身学习理念在欧洲高等教育区得到了进一步的发展与践行，建立起了较为稳定的终身教育政府支持体系，形成了多样化的终身学习形式，给学生提供了接受终身教育的宽松政策环境。高等教育机构拓展终身学习路径，创设多样化的高等教育项目，例如远程学习、夜间课程、假期课程等，以满足学生日益多样化的学习需求，为非全日制学生提供了更多受教育的机会。另外，政府当局和高等教育机构还为各类辅助终身学习的项目提供了资金支持。

博洛尼亚进程为终身教育在欧洲的发展开拓了更为广阔的空间，但是，由于终身教育自身的特征和受教育人所处环境的因素，博洛尼亚进程中终身教育政策的执行也受到了羁绊。其一是欧洲高等教育区各国对终身教育的概念认识不一致，因此它们对终身教育目标、课程设置和人才培养目标的执行不一致。例如，比利时的终身教育是作为成人教育的一个项目在推进，通过培训，受教育者可以获得资格证，却不可能获得学位证书。在丹麦的大学中，第一阶段是不允许提供终身教育课程的，只有到了第二阶段才提供。罗马尼亚的高等教育机构只给已经获得认证的科学领域学科的本科生提供终身教育。其二是终身教育项目的资金来源不一致并受到限制。至 2019 年，欧洲高等教育区 40 个成员国中，只有 8 个国家为终身教育项目设置了预算。也有部分国家通过一般公共预算提供终身教育经费，个人捐赠也是终身教育经费的一个重要来源。但是，就统计情况看，还有很多国家的终身教育并没有获得经费来源。

---

① 联合国教科文组织国际教育发展委员会. 学会生存——教育世界的今天和明天 [M]. 北京：教育科学出版社，1996：201.

在欧洲高等教育区的未来发展中，为更好地促进终身学习，政府当局、高等教育机构、雇主和学生的伙伴关系将进一步加强。博洛尼亚进程需要考虑更多的因素，稳定终身教育经费的来源和渠道，加强终身教育经费的投入和管理。以学生为中心的终身教育模式需要进一步完善，以利于通过终身教育进一步培养和提升学生的能力。

（六）博洛尼亚进程推动教育一体化但受英国脱欧影响

自 20 世纪 90 年代以来，博洛尼亚进程扎根于欧洲政治和经济一体化的进程，有力推动了欧洲高等教育一体化的发展。博洛尼亚进程最初启动时有 29 个成员国。到 2005 年，48 个有着不同的政治、文化和学术传统的国家中的 4000 多个教育机构，在博洛尼亚框架下开放对话、目标共享、协同合作。目前，欧洲高等教育已经基本形成了"制度兼容、资源互通"的一体化体系[①]，人员、知识和技术在欧洲高等教育区内自由流动，从各个高等教育机构到国家，壁垒得以破除，形成了广泛的合作关系，欧洲高等教育一体化进程取得了长足进步。

纵观博洛尼亚进程与欧洲高等教育区的发展脉络，它们对欧洲经济和政治一体化的依赖性不可小觑。追根溯源，欧洲的政治和经济一体化为教育一体化提供了可能与契机，教育一体化的发展在很大程度上受到欧洲乃至全球政治与经济动态的影响。2016 年 6 月 23 日，英国作为博洛尼亚进程成员国之一，就是否脱离欧盟进行了全民公投，51.9% 的公民选择了同意脱欧；2018 年 6 月 26 日，英国女王伊丽莎白二世批准了英国首相特雷莎·梅（Theresa May）的脱欧法案，允许英国退出欧盟，从而结束了围绕该法案长达数月的辩论。英国脱欧之举是希望能够摆脱欧盟对英国经济的掣肘，但作为欧洲高等教育区的重要成员国，英国脱欧对英国本身及欧洲高等教育区的发展而言，无疑是一场挑战。

脱离欧盟对于英国而言，意味着在一定程度上放弃欧洲高等教育区带来的种种福利。对于欧洲高等教育区而言，英国脱欧将引发一场新的国际教育市

---

① 张地珂，杜海坤. 欧洲高等教育结构性改革及其启示［J］. 中国高等教育，2017（17）：62-63.

场重组。英国作为博洛尼亚进程的老牌成员国之一，凭借欧洲高等教育区的优势资源吸引了大量的国际留学生和科研人员，同时英国本土学生也能够在欧洲高等教育区内自由流动，英国不少高等院校一直以来享受着欧盟下拨的研发经费和跨国的科研资源。面对英国脱欧所带来的政策不确定性，英国高校将失去不少研发经费、国际学生和科研人员，进一步削弱其国际声誉和世界竞争力，从而引发新一轮的全球学生流动和全球人才流动。[①] 对于欧洲高等教育区内的一些中小国家而言，这是一次人才回流和引进的重要契机，但是在这一场新的市场竞争中，欧洲各国不仅仅面对着欧洲高等教育区内的竞争对手，同时面临着国际市场的考验。如何从根本上减少欧洲政治和经济波动对教育一体化的负面影响，保持欧洲高等教育一体化的稳步推进，将成为新的考验。

伴随着全球化的不断发展，世界各地区在高等教育上的合作越来越密切，竞争也越来越激烈。博洛尼亚进程和欧洲高等教育区的发展，对欧洲乃至世界高等教育的发展产生了巨大的影响。博洛尼亚进程根植于欧洲各国高等教育不同的政治和文化背景之中，通过开放协调的方式构建了欧洲高等教育区，这一成功实践也为世界其他地区的高等教育改革提供了启示。欧洲高等教育一体化程度不断加深，博洛尼亚进程不断向周边国家和地区辐射，甚至成为全球高等教育政策趋同的模板。博洛尼亚进程在其不断的发展过程中，有其自身的演进特色，构建了全面和完善的政策体系和工具，这依赖于欧洲独特的文化、制度和社会经济因素，这些因素也正是全球环境下地区高等教育政策转移和趋同所需要考虑的前提。

〔原文刊载：刘爱玲，褚欣维.博洛尼亚进程 20 年：欧盟高等教育一体化过程、经验与趋势〔J〕.首都师范大学学报（社会科学版），2019（03）：160-170.〕

（作者简介：刘爱玲，中国社会科学院马克思主义研究院副研究员；褚欣维，浙江大学教育学院硕士研究生）

① 胡乐乐.论"脱欧"对英国和国际高等教育的重大影响〔J〕.比较教育研究，2017，39（01）：3-11.

"伊拉斯谟计划"：发展演进、体系建构与发展趋向

　　"伊拉斯谟计划"始于1987年设立的"欧洲共同体学生交流项目"，以文艺复兴时期著名的学者和思想家德西德里乌斯·伊拉斯谟（Desiderius Erasmus）的名字命名。该计划历经35年发展，至2022年已覆盖33个国家的超过12.7万个教育机构和1200万名师生，成为欧盟最具影响力的人文交流项目。2022年9月20日，"伊拉斯谟计划"设立35周年。本文在文献研究基础上，对"伊拉斯谟计划"的政策发展、成效经验、最新体系建构、运行机制以及未来的发展趋向等进行了系统梳理。

一、"伊拉斯谟计划"的发展演进

　　"伊拉斯谟计划"历经了"欧洲维度的伊拉斯谟计划""伊拉斯谟世界计划""伊拉斯谟＋计划"三个渐进的发展阶段。各个阶段的"伊拉斯谟计划"都是由欧盟（欧共体）主导制定不同的目标、原则和发展方向，开展高等教育大型跨国合作项目。"伊拉斯谟计划"通过不同阶段的各级项目，在全欧范围内制定了共同的教育文化政策和社会目标，增强了欧盟（欧共体）在教育方面和其他领域的国际影响力。

　　第一阶段：1987年6月，欧共体推出"欧洲共同体学生交流项目"，又称"伊拉斯谟计划"，旨在通过教育交流网络构建、联合课程开发、学分跨境互认

等方式，促进在校大学生在项目合作国之间的流动和学习。该时期"伊拉斯谟计划"所推动的学生跨国流动，"更多地还是局限在欧洲范围内，并不是完全的国际化，而是一种欧洲化"[①]。1993年，为了让该计划更好地服务于欧洲区域经济政治的一体化进程，欧盟委员会在"伊拉斯谟计划"中加入了"欧洲维度"这一新概念。项目开展的范围进一步扩大，主要目的是推动成员国的本科阶段学生在欧洲范围内的学习交流。主要内容包括：①推动欧洲各大学的学生跨国交流，使有效流动人数在2012年达到300万人；②提高高等教育的教学质量，促进欧洲各大学的国际合作；③促进欧洲高校与企业间的合作；④希望通过促进学生的国际交流和大学间的合作，推动欧洲高等教育的管理机制革新和教学科研创新。

第一阶段的"伊拉斯谟计划"有效推动了欧洲的学生进行国际交流，帮助欧洲各国的大学生形成了"欧洲维度"理念和"欧洲身份认同"，助力欧洲高等教育政策趋向一致。

第二阶段：2004年，欧盟对"伊拉斯谟计划"进行重大改组，推出"伊拉斯谟世界计划"，将项目覆盖范围拓展至非欧盟国家。"伊拉斯谟世界计划"的重大创新就是设立"联合培养硕士课程"。在该课程创设之初，为了凸显"联合培养"的特色，欧盟委员会规定，要由至少三个不同的欧盟成员国的大学组成课程组，对学生进行联合培养；如有必要，联合授课群体也可以包括某些在学科领域有特定专长的非教育机构。该课程与全球其他硕士课程相比，最大的特色就是，学生在攻读硕士课程期间，需要在欧洲不同国家或不同城市的大学完成学业相关课程。该课程突破了人们对传统大学硕士教育的认识，革新了创新型人才培养的理念与实践，现已成为"伊拉斯谟计划"最负盛名的综合性国际学习课程。此外，"伊拉斯谟世界计划"重视促进欧盟各成员国的大学同非欧盟国家建立合作伙伴关系，以合作为结构基础，以奖学金或项目资助的方式持续加强高等教育的交流和人员的流动。"伊拉斯谟世界计划"在目标和行动计划的设计上具有前瞻性，其全球化视野和使命使项目得到迅猛发展。到

---

① 李素琴，胡丽娜. 从"伊拉斯谟项目"到"伊拉斯谟世界项目"：欧盟高等教育的国际化发展 [J]. 比较教育研究，2010（04）：36-40.

2013年，参与项目的学生增加到267547人，创造了新纪录。1987—2013年，项目参与人数达到300万人。第二阶段的"伊拉斯谟计划"与前期相比有四方面的变化：①计划得到欧盟的重视，预算金额提升到前一阶段的3倍；②建立了高校和产业界的合作伙伴关系网络；③奖学金和科研经费资助向非欧盟国家的学生倾斜；④"伊拉斯谟世界计划"更加注重学生的实践技能培养，项目更加注重强调校企合作，如学生在企业参加实习、实训，高校职员接受来自企业的海外培训或参与海外教学。

第三阶段：2014年，欧盟设立了全新的"伊拉斯谟+计划"。欧盟先后出台了《欧洲教育和培训合作2020战略框架》《欧洲合作框架联合报告》《欧洲培训战略》等战略性文件，加强国际教育合作与交流，以此推进欧洲高等教育区的建设。在此背景下，欧盟对原有的"伊拉斯谟计划"的框架与内容进行改革和重组，将资助领域从原有的教育领域延伸至青年、文化、培训与体育等领域，旨在采取协同性的方案与行动促进人员流动，增进对欧盟的理解与认同，传播欧洲共同的价值观，提高公民跨文化理解力，并促进社会包容和欧洲一体化发展。

"伊拉斯谟+计划"第一个执行周期截至2020年，预算为148亿欧元，用来资助25000名学生参与国际交流，培育了350项国际联合学位课程，用以支持欧盟范围内超过400万人的流动与交流。计划的受众也进一步拓展，除了前期项目包含的接受高等教育的学生，中学、小学、职业教育、成人教育的学生以及学生工作机构和体育界的成员也能通过"伊拉斯谟+计划"获得奖学金或津贴，赴国外进行学习和交流。与前一阶段相比，"伊拉斯谟+计划"的资助群体中有超过75%的学生来自世界各地200个非欧盟国家。而且该计划更加注重提升青年就业能力，增加了儿童和青年拓展国际视野的机会。在内容设置上，"伊拉斯谟+计划"注重对"欧盟主题"的国际话语塑造与建构，一方面通过设立"欧盟主题"相关的子项目，资助人员流动、欧盟研究和高等教育领导力学术交流等活动，增进世界对欧盟及高等教育的了解和认同；另一方面注重项目在国际维度上的拓展，通过增加合作伙伴国家的方式，深化与欧洲以外的国家在高等教育、青年发展等领域的合作，实现在全球范围内促进人员跨境流动、提升欧洲高等教育影响力的目标（表1）。

表1 "伊拉斯谟计划"发展变化

计划内容	"欧洲维度的伊拉斯谟计划"1987—2003年	"伊拉斯谟世界计划"一期 2004—2008年	"伊拉斯谟世界计划"二期 2009—2013年	"伊拉斯谟+计划"2014—2020年
人员流动	人员流动	行动一：联合硕士课程	行动一：联合硕士和博士培养项目	三个关键行动
专题研究	伊拉斯谟集成项目	—	—	让·莫内行动（让·莫内卓越研究中心、"让·莫内讲座"和"让·莫内项目"）
多边合作	多边合作项目（高等教育机构和企业间合作的项目）	行动三：欧洲与第三国高等教育机构开展结构性合作，在此框架下为欧洲学生、学者在第三国合作高校的短期流动提供奖学金资助	行动二：发展欧盟国家与非欧盟国家大学之间的合作伙伴关系 行动三：实施欧盟高等教育推广项目	体育运动方案（建立体育运动领域的合作伙伴关系）
搭建平台	伊拉斯谟主题网络	—	—	让·莫内行动（莫内网络）
资金支持	—	行动二：为参与"伊拉斯谟世界计划"的来自第三国的优秀毕业生提供奖学金，为来自第三国的学者在"伊拉斯谟世界计划"课程中进行的短期流动提供奖学金 行动四：对基于项目的支持性举措和研究给予更广泛的资助	—	体育运动方案（支持非营利性的欧洲运动赛事）
课程开发	多边合作项目（课程开发项目）	—	—	让·莫内行动

二、"伊拉斯谟计划"的作用分析

"伊拉斯谟计划"历经30多年的演变与发展，已成为欧盟成员国与非成员国之间加强高等教育交流与合作、促进欧洲高等教育一体化的旗舰项目和高等教育行动平台。在欧盟的发展规划和引领下，"伊拉斯谟计划"适时调整目标，更新内容体系和运行模式，通过广泛惠及相关人群、革新项目内容和提升教育领导力等方式，来适应人文交流新环境与欧洲的现实需要，在推动欧洲地区高等教育的协同发展、提升欧洲公民人力资本价值和增强欧盟教育的国际竞争力等方面发挥着重要作用。

（一）助推欧洲一体化进程

1957 年《罗马条约》的签订开启了欧洲一体化进程。至 2020 年，欧盟成员国由 6 个拓展至 27 个。客观上说，欧盟成员国语言和文化传统各异，经济社会发展水平参差不齐，欧洲一体化的发展需要培育民众在社会与文化层面上对欧盟及其政策的认同与支持，而"跨文化交流实际上是一个动态过程，在理解中有冲突，又从冲突走向融合"[①]。"伊拉斯谟计划"通过促进跨国、跨区域教育组织之间的合作，创新开发国际课程，推进建立成员国之间学位和学分互认体系。资助项目覆盖教育、文化、青年和体育等领域的人文交流。迄今为止，该项目已经支持了超过 1200 万人进行国际学术交流，为欧盟师生的国际交流提供了一个综合性平台，为民心相通以及民众形成欧盟政治认同架设了文化桥梁。

（二）改善欧洲人力资源

"伊拉斯谟计划"所提供的国际教育交流项目有两方面意义。一方面，有利于培养师生的跨文化理解与沟通能力。有研究表明，"伊拉斯谟项目对学生参与者最重要的影响在于增强其文化理解力、促进个人发展和提高外语水平，并且还会通过影响学生自我认同的方式对欧洲进程产生影响"[②]。欧洲是语言文化资源较为丰富的地区，目前欧盟有 24 种官方语言。外语技能是欧洲年轻人

---

① 文君. 公共外交与人文交流案例：第一辑 ［M］. 北京：世界知识出版社，2013：211.
② JACOBONE V，MORO G. Evaluating the Impact of the Erasmus Programme：Skills and European Identity ［J］. Assessment & Evaluation in High Education，2015，40（02）：309–328.

获得工作岗位的要素，"伊拉斯谟计划"有助于提升师生的语言能力等软技能。另一方面，"伊拉斯谟计划""玛丽·斯克沃多夫斯卡 - 居里行动"等多边国际科研合作项目在科技前沿领域遴选优秀博士和博士后研究人员，有效激发了欧盟的科研活力，为提升整体人才资源水平夯实了基础。

（三）增强成员国国际教育能力

从 2003 年起，欧盟高等教育政策出现了全球战略的转向，"伊拉斯谟世界计划"也在此背景下酝酿，以内外联动方式"发挥欧洲高等教育区的教育吸引力，使欧洲成为留学进修的主要目的地"[①]。欧盟国际教育政策向"全球维度"的转向，不仅需要在欧洲范围内进行协调，更需要推进欧盟与其他国家和地区保持相当的教育结构与质量、相匹配的入学标准与评价体系等。"伊拉斯谟计划"所推动的学分互认与互换、教师与学生的全球教育交流体系，是欧盟高等教育区建设的动力来源。随着项目执行范围的拓展，教育政策向"全球维度"渐进发展的态势也将逐步凸显。

三、"伊拉斯谟 + 计划"的体系建构

冯德莱恩就任欧盟委员会主席后，推动"伊拉斯谟 + 计划"第二个执行期（2021—2027 年）进一步调整和改革，使之更加贴近欧盟的重大战略，增加了对教育数字化、低碳绿色环保等维度相关项目的资助，以配合《数字教育行动计划（2021—2027）》《欧洲青年发展战略（2019—2027）》《欧洲绿色协议》等欧盟重大战略文件的落实推进；同时，在国际交流合作项目、伙伴关系建设、"让·莫内项目"等不同层面上扩大交换范围，增加涵盖人群，调整重点资助领域，从而对原有项目内容进行改革和升级。[②]

---

① DALE R，ROBERTSON S. Globalisation and Europeanisation in Education［M］．Oxford：Symposium Books，2009：75.

② EUROPEAN COMMISSION. Erasmus+ 2021-2027：Enriching Lives，Opening Minds through the EU Programme for Education，Training，Youth and Sport［EB/OL］.（2021-03-26）［2022-08-08］. https://euneighbourseast.eu/wpcontent/uploads/2021/07/gp_daily_web_nc0221132enn_002.en-1.pdf.

（一）管理运行与资金情况

从项目管理机制看，欧盟委员会下设的教育与文化总司以及就业、社会事务和包容总司负责"伊拉斯谟＋计划"的顶层设计和宏观指导，欧盟委员会下属的欧盟教育、视听和文化执行署是"伊拉斯谟＋计划"的主要管理者和项目运营者。每一个具体项目的执行主要依赖项目成员国对机构的间接管理。相关专业组织与倡议网络提供专业化支持。教育与文化总司对"伊拉斯谟计划"的整体运行过程有全局指导、监管的职责：在项目执行前管理总预算，制定执行重点、目标和标准；在项目执行中动态监测、指导国家及超国家层面的项目执行情况；在项目执行后统筹评估相关工作。欧盟教育、视听和文化执行署负责在超国家层面上有关项目操作的具体事项，被视为"伊拉斯谟计划"的"运行中心"，负责项目的推广、课题征集、评审、相关合同签订、验收以及总结报告汇总收集等项目执行层面的工作。此外，相关调研与研究，以及涉及其他相关组织机构的管理与拨款事项，也在其职责范围内。"伊拉斯谟计划"涵盖的领域广泛，内容构成丰富，涉及青年发展、职业教育与培训等领域，因而离不开欧盟委员会就业、社会事务和包容总司的参与、支持。欧盟在"伊拉斯谟计划"运行中所发挥的作用体现在三方面：一是筹集和划拨项目所需资金，为计划的执行提供强大的经济保障；二是负责计划的制订、修正、实施、评估等主要工作；三是构建"伊拉斯谟计划"的合作网络，加强与项目成员国及经济合作与发展组织、联合国教科文组织等的联系与协调，为项目的宣传和顺利实施创造条件。

项目成员国或项目合作伙伴国家的相关机构主要负责"伊拉斯谟计划"在本国的项目运行与管理工作，并根据项目运行实际需要提供相应政策与资金支持。不同国家分管项目的主责部门略有不同。非欧盟成员国主要通过设立伊拉斯谟项目办公室履行相应项目的管理和运行职能。在非政府组织方面，教育、文化相关的合作网络及专业联盟也为"伊拉斯谟计划"的运行提供专业支持，如欧律狄刻网络联盟（Eurydice Network）加入项目合作框架，负责对欧洲教育体系和政策的信息收集与解读工作。此外，"电子结对"（eTwinning）、欧洲成人学习电子平台（EPALE）、"欧洲书桌网络"（Eurodesk network）等涉及青年交流、成人教育、职业教育、高等教育、教师发展与经验分享的专题网络平台或工具，都已被纳入"伊拉斯谟计划"的管理运行体系中，为项目执行提供专业性支撑（表2）。

表2 "伊拉斯谟计划"管理运行框架（2021—2027年）[①]

教育与培训				体育	青年
高等教育	职业教育与培训	学校	成人教育		
伊拉斯谟＋计划					
关键行动一：学习性流动 关键行动二：与国际组织合作 关键行动三：支持项目合作与政策发展 "让·莫内项目"					
直接管理方：欧盟委员会教育、视听和文化执行署，欧盟委员会教育与文化总司，欧盟委员会就业、社会事务和包容总司等					
间接管理方：项目参与国的相关机构					

为配合欧盟整体发展议程，"伊拉斯谟计划"合作伙伴关系网也在逐步拓展，运行管理的资金需求相应增加。2014—2020年，"伊拉斯谟计划"总预算金额为182亿欧元，其中主要资金来自欧盟成员国的145亿欧元拨款，除此之外，还获得了欧洲发展基金等资助。2021年起，"伊拉斯谟计划"步入第二个执行期，预算额较上一个执行期大幅增加，预估有262亿欧元，其中22亿欧元来自欧盟外部的资金支持。[②] 欧盟委员会官方公布的数据显示，预计有70%的预算将用于支持在关键行动一的框架下促进人文交流相关的项目，旨在为更广泛的人群提供终身学习与能力提升的机会，在增强欧洲身份认同的同时，充

① EUROPEAN COMMISSION. Erasmus+ Programme Annual Report 2020［EB/OL］.（2020-11-26）［2021-12-16］https://erasmus-plus.ec.europa.eu/news/erasmus-annual-report-2020-released.
② EUROPEAN COMMISSION. Erasmus+ Programme Annual Report 2015.［EB/OL］.（2017-02-14）［2022-02-16］. https://ec.europa.eu/programmes/erasmus-plus/sites/erasmusplus/files/erasmus-plus-annual-report-2015.pdf.

分发挥教育对个人及社会发展的积极影响。其他的预算主要用于支持加强项目合作与政策发展相关的行动计划，资助的子课题都在关键行动二和关键行动三的框架下。2020 年，是"伊拉斯谟＋计划"第一个执行期的最后一个年度，可谓承前启后的一年，其项目支出分配情况具有很强的代表性，能呈现出第一个执行周期项目的整体资金使用结构。图 1 很直观地呈现出 2020 年"伊拉斯谟计划"的经费支出情况，其中关键行动一、关键行动二所占比例达 81%，可见旨在促进学习与交流的国际流动方案在整个项目执行中的重要位置。值得关注的另一个数据是，国际合作支持经费已占 8%，也能体现出项目对欧盟内外的国际合作事项的重视。

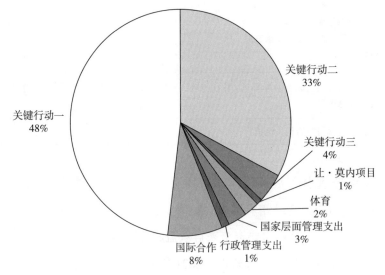

图 1　2020 年"伊拉斯谟计划"经费支出情况[①]

（二）内容结构与重点领域

2021—2027 年，"伊拉斯谟＋计划"的主要运行框架包括三个关键行动和"让·莫内项目"，对上一个执行期的行动框架、包含的子项目类别、涵盖的政

---

① EUROPEAN COMMISSION. Erasmus+ Programme Annual Report 2020［EB/OL］.（2021–12–16）
［2022–02–16］https://erasmus–plus.ec.europa.eu/news/erasmus–annual–report–2020–released.

策领域及内容构成都有所更新，更为紧密地契合了欧盟在教育、文化、青年及体育等领域的优先发展议程。关键行动一旨在通过提升参与者的技能和跨文化意识来促进就业。该框架包括针对学生、培训者、研究员、教育工作者的短期国际交流，促进高等教育国际化与一体化的联合学位培养、硕士贷款、在线语言支持和志愿服务等促进个体国际流动的子项目。关键行动二旨在推动高等教育机构与产业界建立知识联盟，提升创造能力和创新能力，着力培养学生的创业能力，提升高等教育质量，这是"伊拉斯谟＋计划"的重要组成部分。具体而言，建立高等教育战略伙伴关系，包括加强高校同企业、研究机构、社会合作伙伴、地方当局及其他教育与培训部门间的合作。具体举措包括建立战略伙伴关系、加强高等教育与青年交流项目的能力建设、建设教育机构与企业的知识联盟、建设职业培训课程的行业联盟等。关键行动三旨在推动博洛尼亚高等教育改革进程和哥本哈根职业教育改革进程背景下欧盟教育与培训政策议程的实施，这是"伊拉斯谟＋计划"的关键一步。为此，计划建议，运用"开放的协调方法"促进目标达成，促进在项目参与国采用"欧洲通行证""欧洲资格框架"、欧洲高等教育和职业教育学分转换和累积系统、欧洲高等教育和职业教育质量保障体系等欧盟资格互认工具，提高透明度，与社会合作伙伴开展政策对话，促进产教融合，发挥欧盟和各国教育信息中心和生涯指导网络的信息传播作用。具体包括支持政策制定与评估、倡导政策创新、同经济合作与发展组织等相关国际组织合作、推动与决策者的对话、推动提高技能资格相互承认机制及配套支持建设等。作为辅助项目之一的"让·莫内项目"则在国际范围内资助欧盟问题的研究与教学，支持相关协会组织发展，为学术界和决策圈的对话与沟通搭建桥梁。

与前期相比，"伊拉斯谟＋计划"在 2021—2027 年的显著变化是，将体育领域列入三个关键行动框架内，与教育、青年、职业教育领域相融合。在教育领域中，高等教育的国际维度仍是世界教育文化影响力的一个重要方面，在不同行动框架下都设有单独的子项目，覆盖高等教育能力提升、国际合作交流、科研成果创新等方面。总体而言，该执行期内的项目更加注重交叉融合和协同共建，在注重学习性流动的同时，重视跨国、跨领域合作机制建设；重视推进伙伴关系网络搭建，项目方案的设计都围绕着促进欧盟优先发展事项的落实来推进，致力于多维一体推进欧洲一体化进程并维护欧洲整体利益。鉴于2019年以来新冠疫情对线下人文交流的显著影响，"伊拉斯谟计划"在外语教育、相关跨国交流合作平台建设及课题开展上，对线上线下资源与平台协同使用的支持力度也有所加大，在回应疫情影响的同时，也注重加快推进数字教育的生态建设。

值得一提的是，绿色转型和教育数字化是当下欧盟发展的重点方向，新的"伊拉斯谟＋计划"也更加注重教育对绿色"双碳"目标与数字化转型的适应。如关键行动二的"发现欧盟项目"，鼓励欧洲青年采用更为节能环保的方式参与研修；"卓越职业中心建设项目"，强调在绿色转型和数字化转型背景下设计相关子项目，鼓励融入绿色发展元素，从绿色环保理念与知识的传播、环保技能的提升等方面进行项目设计（表3）。

表3　"伊拉斯谟计划"的主要行动框架及内容构成（2021—2027年）

类别	代表性项目	主要发展议程
关键行动一：人员交流（学习性流动）	学习者与专业人员的交流	为相关人员提供更多到其他国家学习或进修专业知识与技能的机会
	青年参与的活动	策划相关活动以促进青年参与，提高对欧洲共同价值观和个人基本权利的认识
	"发现欧盟项目"	通过资助青年在欧盟成员国的短期旅行，增强参与者的欧盟身份归属感，同时探索并体验欧洲文化的多样性
	提供语言学习或进修的机会	主要依托"伊拉斯谟＋"在线语言支持平台（OLS），为在国外交流的项目参与者提供语言学习方面的支持
	高等教育和青年领域的线上交流	通常以小组形式进行，促进跨文化对话和参与者个人技能的提升
关键行动二：与组织机构的合作	合作伙伴关系建设	加强伙伴关系网络建设，交流新方法，推进新实践，增强项目执行力，注重提升国际化水平
	与小规模组织的合作	为小规模组织和参与机会受限的人群参与项目提供额外支持

类别	代表性项目	主要发展议程
关键行动二：与组织机构的合作	追求卓越的伙伴关系	欧洲大学联盟计划：基于共同愿景与价值观，促进高等教育机构合作，提高整体教育质量，促进高等教育区建设； 卓越职业中心建设：在绿色转型和数字化转型背景下推进职业教育与培训； 教师学院项目：注重多语主义和文化多样性，将教师教育与欧盟优先发展议程相结合； 伊拉斯谟世界项目：通过在高等教育领域合作开发面向硕士的研学项目，扩大全球影响力
	追求创新的伙伴关系	通过创新联盟建设前沿性项目，充分发挥创新项目的教育作用与社会影响力
	能力建设	全方位推进高等教育、职业教育、青年、体育等领域的能力建设，同时注重对线上研学平台的支持，在惠及参与者的同时提高项目执行力与影响力
关键行动三：支持政策发展与合作	欧洲青年共同行动计划	关注青年发展，用开放协调的方式，围绕欧盟政策议程为相关领域的发展提供支持，包括在欧盟青年发展战略指导下，支持相关政策及配套措施在国家层面的实验与模拟； 在欧盟范围内进行专题调研或深入掌握国家层面的相关知识； 促进学分和技能资格的互认，在欧盟内外促进欧洲政策和发展相关议题的研讨、对话及成果产出等
	加强与国际组织的合作	同经济合作与发展组织等相关国际组织合作，在教育、培训、青年与体育领域增强欧盟政策影响力
"让·莫内项目"	高等教育领域	通过支持欧洲短期内问题研究相关的课程、设置欧洲问题研究专家教席、支持欧洲问题研究中心建设等方式，促进高等教育领域关于欧洲问题的研究及欧洲发展相关政策的讨论
	其他教育与培训领域	通过教师培训等项目，共享知识与经验，增进对欧盟发展相关事项的理解
	政策相关讨论	在高等教育领域围绕欧盟委员会优先发展事项，为多方行为体分享、交流及讨论提供支持；鼓励其他教育、培训领域在多国进行实践经验分享与项目合作
	对相关机构的持	对维护欧洲利益与促进欧盟发展的相关机构进行支持，包括数据收集与分析、对国际组织工作人员的线上线下培训；服务欧盟优先发展事项的落实

（三）中国参与的相关项目

过去十年间，中欧在教育、培训、文化、多语主义和青年发展等领域的合作不断深化。从 2012 年起，相关政策对话与合作项目都在"中欧高级别人文交流对话机制"框架下统筹推进。中国是"伊拉斯谟计划"的合作伙伴国，部分项目也面向中国的学生和学者开放。目前，中国学生、学者及高等教育机构可参与的子项目主要有两类，分别是"伊拉斯谟世界联合培养硕士项目"和"让·莫内项目"。

"伊拉斯谟世界联合培养硕士项目"是关键行动二框架下的子项目。在最新执行期中，中方参与的"伊拉斯谟世界联合培养硕士项目"主要有"全球化与欧洲一体化联合培养硕士学位项目"（EGEI）、"高等教育研究与创新硕士项目"（MARIHE）、"关注水资源利用与管理的硕士项目"（EA+）、"聚焦欧盟视角的全球硕士项目"（EMGS），以及"新闻、媒体与全球化硕士学位项目"（EMMA），等等。不同子项目的侧重点及合作方式不同，但整体而言都至少包括三个参与国，师资涵盖欧盟内外，并将合作拓展至专业组织机构层面，在"伊拉斯谟世界联合培养硕士项目"框架下，中方参与的相关项目主要包括绿色转型、国际传播、全球化进程中的欧洲治理、高等教育创新发展等议题。

"让·莫内项目"在国际范围内资助欧洲特别是欧盟发展相关主题的研究与教学，旨在为政策界与学术界搭建交流合作的平台，被视为卓有成效的公共外交工具。在高等教育领域，中国参与的主要有让·莫内教席和让·莫内卓越研究中心两个子项目。前者通过对欧盟问题研究专家的特定项目资助，提高学者、学生和其他公民对欧洲发展进程特别是欧洲一体化进程相关情况的理解和认知；后者通过汇聚高水平的专家学者，为多学科及交叉领域的研究搭建平台，促进对欧洲问题进行深度专题研讨。目前，中国已设有三个让·莫内卓越研究中心，分别在中国人民大学、四川大学和复旦大学，资助欧盟主题相关的研究，特别是欧洲一体化教育与研究专题。

四、"伊拉斯谟计划"的未来发展趋势

经过 30 多年发展，"伊拉斯谟计划"由一个推动大学生在欧盟范围内交换学习的计划，逐步发展成为一个综合性的全球人文交流旗舰项目。项目的发展是在欧洲一体化和高等教育国际化的大背景下进行的。从既有项目运行实践及发展轨迹来看，未来"伊拉斯谟计划"的发展趋势主要体现在以下三方面。

（一）从"欧洲维度"转向"全球维度"

"伊拉斯谟计划"的运行最初限定在欧盟范围内，随后在全球化和欧洲高等教育发展的背景下，逐步发展成为全球性的高等教育交流与合作项目，呈现出由"欧洲维度"向"全球维度"渐进发展的态势。教育政策的"欧洲维度"是指项目主要聚焦于通过国际教育交流项目提高欧洲整体教育质量，强调合作范围仅限于欧盟，旨在提高成员国的教育兼容性与国际化水平，助力增强欧洲公民身份认同等目标的实现。欧盟高等教育国际化一方面源于欧洲文化的同一性，另一方面也是满足欧洲一体化发展及重塑欧洲高等教育领先地位的需要。"全球维度"指以"伊拉斯谟计划"为代表的教育交流实践、发展目标及发展规划突破欧盟地理范围，面向全球教育领域，下设的子项目从提出到执行所涉国别维度、议题领域等方面都能体现出对国际维度的侧重。

在全球化进程中，发达国家在教育格局中占主导地位，不仅国际教育产业较为发达，而且还能主导国际教育标准制定。同美国相比，欧洲教育产业还有较大发展空间，亟待通过内部教育资源的整合及政策的国际外溢进行提升，而通过教育质量提升来产生国际吸引力是关键。"伊拉斯谟计划"执行范围的拓展，不仅便于参与项目的欧洲公民到世界各地学习进修，还会让第三国参与者到欧洲接受高等教育，为他们了解欧盟发展现状与欧洲文化提供更多机会，进而利于实现欧洲教育政策的国际转移，为其他国家提供政策借鉴。不容忽视的是，超国家教育政策的发展也存在一个限度问题，即欧盟法律所确定的辅助性原则在保护成员国教育主权的同时，也可能阻碍地区教育政策的趋同发展进程。

（二）合作伙伴关系网络持续拓展

"伊拉斯谟＋计划"强调继续拓展合作伙伴关系网络，包括不断加强同专业性强、国际影响力大的国际组织的合作，同时还重视同小规模专业性教育机构的合作，体现了项目的包容性与多样性。"伊拉斯谟＋计划"在落实过程中，重视拓展战略合作伙伴关系或改进联盟合作方式，发挥各领域国际组织的网络优势，推动项目的可持续发展。例如，同经济合作与发展组织等国际组织进行合作，推广受众范围更广且富有成效的教育交流项目，同时也利用经济合作与发展组织在全球教育信息数据收集、分析、评估上的优势，为项目发展提供大数据支撑。可以说，"伊拉斯谟计划"的管理和运行已形成超国家层面与国家层面、官方层面与非官方层面的国际组织所构建的多层次、全方位的合作伙伴关系，推动项目可持续发展。

（三）高等教育能力建设持续强化

从"伊拉斯谟计划"创设至今，高等教育能力建设一直是项目支持与发展的重要内容。在关键行动二中，推动大学加强协同创新，推动高等教育机构与产业界建立知识联盟，提升高校科技创新能力，成为"伊拉斯谟＋计划"的重要组成部分。具体而言，项目包括建立高等教育战略伙伴关系，加强高校与企业、研究机构、社会合作伙伴、地方当局及其他教育与培训部间的合作，提升高等教育的质量和创新能力，开发、测试和实施新的联合课程、联合学习项目、共同模块和短期课程等，与企业建立以项目为基础的合作，让学生学习真实案例，探索和利用开放教育资源，发掘合作和个性化学习的潜力，融合远程学习、非全日制学习和模块化学习等各种学习方式；同时，支持高校与企业建立知识联盟，建立了有1500家高等教育机构和企业参加的150个知识联盟。此外，项目还包括加强高校和企业间结构性合作和长期合作，在结果驱动的项目中，特别是在新兴领域，开发产生和共享知识的创新性方法。主要活动包括开发并实施新的多学科课程，回应企业需求，培养学生、高校学术人员和企业人员的创业能力和创业精神，促进知识在高校和企业间的交流和共同创造，同时鼓励与非欧盟国家开展联合科研项目，等等，以此系统加强高等教育能力建设。

注重高等教育能力建设这一趋势不断得到加强。欧盟寄希望于依托"伊拉斯谟＋计划"，全面提升欧洲高等教育区的大学在人才培养、科研、社会服务、文化传承与创新、国际交流合作等方面的能力。在欧盟发布的《欧洲教育区建设战略框架》中，"伊拉斯谟＋计划"作为实现"欧洲大学计划"目标的关键举措之一，将进一步推动学习性国际流动和国际学术合作，通过现代化跨国校园建设推动高等教育政策与标准协同发展和教育能力提升。欧盟在2020年发布的《数字教育行动计划（2021—2027）》中，同样提出依托"伊拉斯谟＋计划"构建欧盟数字教育生态体系。

［作者简介：林迎娟，北京语言大学国际中文教育实践与研究基地讲师；张地珂，中国地质大学（武汉）外国语学院副教授］

欧洲高等教育区外部质量保障：标准、方式及其程序

　　20世纪下半叶是欧洲高等教育大发展的时期，绝大多数国家走完了从精英教育到大众教育的转变历程。欧洲高等教育区质量保障体系是伴随着欧洲高等教育大众化的发展以及欧洲一体化的进程而逐步建立并完善的。自《博洛尼亚宣言》签署以来，建立欧洲高等教育区质量保障体系被列入重要议题，高等教育质量保障也因此成为博洛尼亚进程的焦点。1999年6月，欧洲29国教育部部长在博洛尼亚会议上提出高等教育的改革目标，即打通体制，整合资源。会议认为，高等教育质量是建立欧洲高等教育区的核心所在。之后，两年一次的部长级会议均高度关注高等教育质量保障体系问题。2001年，《布拉格公报》呼吁各国建立高等教育质量保障机构。2003年，《柏林公报》特别指出，要把质量保障体系放在优先发展的地位，建议在两年内建立高等教育质量保障体系。2005年，《卑尔根公报》宣布采用"欧洲高等教育区学术资格框架"和《欧洲高等教育区质量保障标准与指南》（ESG），要求各国的质量保障体系都要遵循该标准与指南，实行通用的质量评估标准，还要求各国在五年内完成第一轮质量评估工作。2007年，《伦敦公报》要求到2010年完全实施"欧洲高等教育区学术资格框架"，决定大力推进质量保障体系；同时鼓励欧洲大学协会（EUA）、欧洲高等教育质量保障网络（ENQA）、欧洲高等教育协会（EURASHE）和欧洲各国学生联合会（ESIB）四所专业机构每年举办"欧洲

质量保障论坛"，交流经验；由该四所机构共同成立欧洲高等教育质量保障机构注册局，对外部质量保障机构进行规范管理。至此，欧盟的高等教育质量保障体系基本完善，并在推进高等教育发展的进程中扮演着越来越重要的角色。

欧洲高等教育区的质量保障主要包括内外两大组成部分。其中外部质量保障是指在高校进行自我评估的基础上，由政府倡议并与社会中介机构合作开展，以学科、学位点项目、院校和专题为评估对象，旨在帮助高校达到预定教育教学目标或实现质量提升。正是高等教育外部质量保障的实施，才使欧洲高等教育区在全球教育中占有一席之地。对欧洲高等教育区外部质量保障的有关实践进行研究，可以为我们提供有益的启示。

一、欧洲高等教育区外部质量保障的标准

在博洛尼亚进程中，2005 年 ESG 的出台是欧洲高等教育区质量保障领域中非常重要的政策亮点。它是指导欧洲高等教育区质量保障实施的政策依据和方法。[①]2009 年重新修订了 ESG。2015 年新修订的第三版 ESG 对欧洲高等教育区外部质量保障的标准做出了新的阐述[②]，主要包括欧洲高等教育区外部质量保障活动的标准和外部质量保障机构的标准两方面。

（一）欧洲高等教育区外部质量保障活动的标准

高等教育机构的内部自我评估对于保障欧洲高等教育的质量固然重要，但是完善的质量保障措施还需要独立于高等教育机构之外的相关评估机构对高等教育机构进行外部评估。外部质量保障活动的实施内容繁多复杂，对专业性要求较高。所以，外部质量保障活动需要专业机构来进行。ENQA 作为推动

---

① ENQA. Quality Procedures in the European Higher Education Area and Beyond — Internationalisation of Quality Assurance Agencies：4th ENQA Survey［EB/OL］.（2015–10–16）［2016–01–13］. http://www.enqa.eu/indirme/papers–and–reports/occasional–papers/enqa_oc_22.pdf.

② ENQA. Standards and Guidelines for Quality Assurance in the European Higher Education Area（ESG）［EB/OL］.（2015–10–16）［2016–01–13］. http://bologna–yerevan201.ehea.info/files/European%20Standards%20and%20Guidelines%20for%20Quality%20Assurance%20in%20the%20EHEA%20201_MC.pdf.

欧洲高等教育区外部质量保障活动的重要机构，不仅可以使入会的所有外部质量保障机构相互交流经验，而且对欧洲高等教育质量的提高有监督作用。[①] ENQA 以质量保障网络的形式于 2000 年成立，后于 2004 年发展成为欧洲高等教育区外部质量保障机构的会员协会，负责组织事务、发布报告、分享经验并改进实践、实施不同的研究计划等工作。ENQA 的会员机构通过对高校或者学位点项目进行外部评估，督促其质量保持和提高，并有权允许或者拒绝高校或学位点项目的运行，或者建议政府做出决策。[②] 符合 ENQA 入会资格的外部质量保障机构所进行的一切评估活动都必须严格遵循 ESG。为此，ESG 明确了高等教育外部质量保障活动的标准，对外部评估的程序、方法、实施过程、同行评议专家、结果标准、评估报告以及投诉与申诉程序等都有简明扼要的规范，并强调保障程序、评估标准、评估报告等都要事先公布，强调利益相关者参与的重要性。该标准与内部质量保障相辅相成，在对各成员国和成员机构设定标准的同时，又给予其足够的自由发展空间。以下为欧洲高等教育区外部质量保障活动的标准（表1）。

表 1　欧洲高等教育区外部质量保障活动的标准

序号	项目	标准
1	运用内部质量保障程序	考虑 ESG 中列出的关于内部质量保障程序的有效性
2	设计与目标相适应的方法	根据不同学校的特点设计外部质量保障活动，以确保其实现预定宗旨和目标；确保利益相关者参与外部质量保障活动的设计和后续完善活动
3	实施过程	预先确定、公开并持续实施外部质量保障程序，主要包括自我评估、外部评估、出版评估报告、跟踪检查
4	同行评议专家	由包括学生在内的外部专家组实施外部质量保障

① 窦现金，卢海弘，马凯. 欧盟教育政策［M］. 北京：高等教育出版社，2011：99-100.
② THE EDUCATION, AUDIOVISUAL AND CULTURE EXECUTIVE AGENCY. The European Higher Education Area in 2015：Implementation Report［EB/OL］.（2015-09-21）［2016-01-13］. http://eacea.ec.europa.eu/education/eurydice/documents/thematic_reports/182EN.pdf.

序号	项目	标准
5	结果标准	任何作为外部质量保障结论的评估结果或判断，均应以明确公布的标准为基础，并且不管外部质量保障程序是否会产生正式决议，该标准在外部质量保障活动中都应该贯穿始终
6	评估报告	评估报告应该公开，且内容清晰易读，易于被学术界、外部合作伙伴和其他感兴趣的个人获得。任何质量保障机构基于评估报告做出的正式决议应同评估报告一并公开出版
7	投诉与申诉	投诉与申诉程序应确定为外部质量保障程序设计的一部分，并传达给高校

（二）欧洲高等教育区外部质量保障机构的标准

ESG 规定，欧洲高等教育区外部质量保障机构应得到相关权威机构的认可。欧洲高等教育质量保障注册中心（EQAR）就是对外部质量保障机构予以认证和承认的机构。EQAR 严格遵循 ESG，对申请注册的机构予以认证和审核，在其网络平台公示经审核的注册机构信息并进行管理。EQAR 通过提供关于欧洲质量保障条例的清晰可靠的信息，促进外部质量保障机构间的互相信任；通过提高质量决策的标准，促进高等教育机构间的互相信任，从而促进师生的国际流动及学历互认。只有符合 ESG 的外部质量保障机构才可以被 EQAR 批准注册。EQAR 的目的就是以 ESG 为参照标准，提高欧洲高等教育质量保障的透明度，使各个外部质量保障机构的可信度和专业性公之于众，同时严格要求外部质量保障机构遵循 ESG 以保证其质量。ESG 主要从质量保障的活动、政策和程序，合法地位，独立性，主题分析，资源，内部质量保障和职业操守，以及外部质量保障机构的周期性外部审查这七个方面，对欧洲高等教育区外部质量保障机构的标准进行了简要阐述（表 2）。其主要目标是从标准规范的角度保证外部质量保障机构本身的质量，具体目的是确保外部质量保障机构的独立性，并通过合法地位，借助相应的人力和财力资源，按照既定的程序公开、公正地实施外部质量保障工作，并对结果进行详细分析，对外部质量保障机构进行周期性外部审查，最终推进欧洲高等教育区外部质量保障机构的可持续发展。

表 2 欧洲高等教育区外部质量保障机构的标准

序号	项目	标准
1	质量保障的活动、政策和程序	定期进行 ESG 中列出的关于外部质量保障的活动，确定清晰明确的目标并公之于众，确保利益相关者参与管理和工作
2	合法地位	应有既定的法律依据，并得到相关公共权威机构的认可
3	独立性	独立自主，对自己的运作及其结果全权负责，不受第三方的影响
4	主题分析	定期公布报告，阐述和分析外部质量保障活动的总体结论
5	资源	具备足够的人力和财力资源以保障工作的开展
6	内部质量保障和职业操守	外部质量保障机构必须有适当的内部质量保障程序，确保质量并提高活动的完整性
7	外部质量保障机构的周期性外部审查	至少每五年接受一次外部审查，以验证其是否符合 ESG 的要求

二、欧洲高等教育区外部质量保障的方式

欧洲高等教育区外部质量保障的方式主要包括以下四种。

（一）质量评估

质量评估是质量保障方式中最常见的一种，在欧洲高等教育区一般包括学科评估、学位点项目评估、院校评估和专题评估。学科评估是指针对某门学科开展的评估，特别是针对按培养计划进行教学的学科。其焦点在于具体学科的质量，尤其是这一学科所教授的课程。学位点项目评估是在培养计划范围内，对旨在授予某一正规学位而进行的教育教学活动的评估。院校评估是对学校内部的组织、财政事务、管理、设备设施、教学与研究、学生服务、学生发展、招生制度、学习成果、用人单位评价、国际化、创业教育等各方面的质量

进行评估。① 专题评估是指对教育领域诸如学生讨论、学生参与等专门主题活动所进行的评估。② 这些评估的主要目的就是向学校的管理机构反馈学校的优缺点，帮助其确保并提高教育质量；改善学习过程的效能；拟定长期教学发展计划；推动大学重视绩效责任，为经费划拨提供依据。根据第二次 ENQA 调查，使用学科评估的频率为 15%，采用它的国家主要有英国、瑞典和德国；使用学位点项目评估的频率为 66%，采用它的国家主要有英国、丹麦、芬兰、意大利、挪威、瑞典、荷兰和德国；使用院校评估的频率为 40%，采用它的国家主要有芬兰、意大利、挪威、荷兰和法国；使用专题评估的频率为 6%，采用它的国家主要是瑞典。③ 可见，使用学位点项目评估和院校评估的频率最高。而且，随着欧洲高等教育区外部质量保障的发展，很多欧洲国家外部质量保障的目光逐渐转向学位点项目评估和院校评估的组合。④

（二）质量认证

随着高等教育国际化与全球化不断深入，用人单位更加重视所需人才的综合素质，政府不得不为提高人才培养质量做出努力。所以，在实施《博洛尼亚宣言》的过程中，质量认证成为欧洲高等教育区外部质量保障的重要方式。⑤ 质量认证是根据预先确定且公布的标准，判断有关学科、学位点项目、

---

① ENQA. Quality Procedures in the European Higher Education Area and Beyond — Internationalisation of Quality Assurance Agencies: 4th ENQA Survey [EB/OL]. (2015–10–16) [2016–01–13]. http://www. enqa.eu/indirme/papers–and–reports/occasional–papers/enqa_oc_22.pdf.

② ENQA. Quality Procedures in the European Higher Education Area and Beyond — Visions for the Future: Third ENQA Survey [EB/OL]. (2015–10–16) [2016–01–13]. http://www.enqa.eu/indirme/papers–and– reports/occasional–papers/ENQA_op18.pdf.

③ ENQA. Quality Procedures in the European Higher Education Area and Beyond: Second ENQA Survey [EB/OL]. (2015–10–16) [2016–01–13]. http://www.tcd.ie/teaching–learning/academic–development/ assets/pdf/ENQA_2008_Report_Quality_Procedures_in_Europe.pdf.

④ THE EDUCATION, AUDIOVISUAL AND CULTURE EXECUTIVE AGENCY. The European Higher Education Area in 2015: Implementation Report [EB/OL]. (2015–09–21) [2016–01–13]. http://eacea. ec.europa.eu/education/eurydice/documents/thematic_reports/182EN.pdf.

⑤ 王新凤. 欧洲高等教育区域整合研究——聚焦博洛尼亚进程 [M]. 北京：社会科学文献出版社，2013：130.

院校和专题是否达到了所要求的最低水平，给出认证结果以确定是否继续实施。在欧洲高等教育区，主要是由政府出资补贴的半官方性质的质量保障机构来实施认证机制。进行质量认证的主要目的是使高等教育在社会各界更加透明化和公开化；督促高校达到标准；保障学位点项目和院校达到所要求的最低标准的同时，帮助和督促提高学位点项目和院校的信誉及公众形象；帮助高校了解与其他高校教育质量之间的差距。根据第二次 ENQA 调查可知，学科认证的使用频率为 10%，学位点项目认证的使用频率为 66%，院校认证的使用频率为 38%，专题认证的使用频率为 7%。[①] 主要运用质量认证手段的国家有丹麦、芬兰、挪威、瑞典、德国等。

（三）质量审查

质量审查是指为监管和完善学科、学位点项目、院校和专题活动，对院校自身设立的质量保障机制的优缺点进行确认，并评估该质量保障机制是否符合标准，以保证它在审查院校教育质量时的有效性和可信度。所以，质量审查要求院校在实施自我评估工作之前，制定出符合该校办校方针、教育目标、院校特色等要求的自我评估质量保障机制。这种审查的优点在于政府不再参与高校质量评估的具体工作环节，而只需要审查院校自我评价质量保障机制是否合格，节约了大量人力物力。因此，质量审查关注的是院校质量保障和质量提高的过程，基本任务是使院校清楚自身所要达到的标准或目标。进行质量审查的主要目的是确认院校设立的自我评价质量保障机制是否能对评估对象的质量进行准确评估，并为院校提供必要的服务，以帮助它们不断提高教育质量。根据第二次 ENQA 调查可知，学科审查的使用频率为 3%，学位点项目审查的使用频率为 22%，院校审查的使用频率为 41%，专题审查的使用频率为

---

① ENQA. Quality Procedures in the European Higher Education Area and Beyond: Second ENQA Survey ［EB/OL］.（2015−10−16）［2016−01−13］. http://www.tcd.ie/teaching−learning/academic−development/ assets/pdf/ENQA_2008_Report_Quality_Procedures_in_Europe.pdf.

4%。^①可见，质量审查主要用于院校层面，英国、芬兰、意大利、挪威、瑞典和荷兰均是采用院校质量审查的典型国家。

（四）基准法

随着时代的发展，一些学者慢慢地把有效推动企业质量管理工作的基准法引入学校教育质量管理之中。基准法是把同行业实践中最好的做法当作基准对象，然后把学科、学位点项目、院校和专题活动的关键绩效指标等作为基准内容，对它们进行全面的观察和评估，并与基准对象进行比较，得出结论，以实现经验交流，从而构建最好的质量保障机制。采用基准法的主要目的是通过与参照对象的对比，借鉴和交流优秀实践经验，改进措施，以不断保持和提高高等教育质量。目前，基准法在欧盟国家尚处于摸索阶段，只被为数不多的几个质量保障机构使用。根据第二次 ENQA 调查可知，学科基准法的使用频率为 7%，学位点项目基准法的使用频率为 10%，院校基准法的使用频率为 3%，专题基准法的使用频率为 0。^②可见，欧洲国家更多使用的是学科和学位点项目层次上的基准法质量保障方式，涉及的国家主要有英国、芬兰和荷兰。

三、欧洲高等教育区外部质量保障的程序

2015 年修订的 ESG 明确规定欧洲高等教育区外部质量保障活动的程序包括自我评估、外部评估、出版评估报告和跟踪检查。这个四阶段模式是《ENQA 审查指南》中的规定，也是成为 ENQA 会员的重要资格标准。^③所以，ENQA 对于欧洲高等教育外部质量保障活动的评估严格遵循 ESG 的要求。

① ENQA. Quality Procedures in the European Higher Education Area and Beyond: Second ENQA Survey ［EB/OL］.（2015-10-16）［2016-01-13］. http://www.tcd.ie/teaching-learning/academic-development/assets/pdf/ENQA_2008_Report_Quality_Procedures_in_Europe.pdf.

② ENQA. Quality Procedures in the European Higher Education Area and Beyond: Second ENQA Survey ［EB/OL］.（2015-10-16）［2016-01-13］. http://www.tcd.ie/teaching-learning/academic-development/assets/pdf/ENQA_2008_Report_Quality_Procedures_in_Europe.pdf.

③ OCCASIONAL PAPERS. Guidelines for ENQA Agency Reviews ［EB/OL］.（2015-09-21）［2016-01-13］. http://www.enqa.eu/wp-content/uploads/2015/12/Guidelines-for-ENQA-Agency-Reviews.pdf.

（一）自我评估

自我评估由毕业生、在校学生、行政人员、教学人员、用人单位、管理人员等利益相关者组成的评估小组进行。一是从入学率、辍学率、教师数量、平均学习年限、国际交流、资源、办学目标完成率等方面量化考核学校的整体发展水平和各种活动情况。二是对量化信息和既定事实进行定性分析，并形成报告。自我评估报告主要是分析和总结高校的相关工作，为进一步提高教育质量奠定基础。所以，审查的第一阶段主要是产生清晰易读的自我评估报告。自我评估报告应该遵循《ENQA 审查指南》所涵盖的所有要素，才能得到 ENQA 的认可。[①] 此外，自我评估报告还要参照之前质量审查提出的建议，对当下审查进行详细的分析，强调相关建议的落实、改进和发展状况。ENQA 秘书处将会对自我评估报告进行行政审查，以验证它是否符合《ENQA 审查指南》。如果不符合，该高校需要根据之前的审查程序对自我评估报告进行修改。ENQA 在保证外部质量保障程序的有效性上发挥着重要的监督作用。

（二）外部评估

当自我评估报告遵循了《ENQA 审查指南》，并获得 ENQA 秘书处的认可后，ENQA 委员会委派独立的评审小组履行外部评估程序。外部评估主要是由校外专家组成的评审小组到具体院校实地考察，以验证自我评估报告、参观教室、访谈、与利益相关者座谈、检查文件档案、查看设备等方式进行。同时 ENQA 秘书处指派一名成员参与实地考察，以确保外部评估流程的完整性以及与《ENQA 审查指南》的匹配性。实地考察一般在自我评估报告被 ENQA 认可后的一个半月内进行，考察时间根据国家和院校的不同而有所差异，平均时长在 3.5 天左右。实地考察的目的就是评估院校的活动，确认自我评估报告的真实性，并告知 ENQA 委员会该院校的活动是否始终遵守 ESG。

---

① OCCASIONAL PAPERS. Guidelines for ENQA Agency Reviews［EB/OL］.（2015-09-21）［2016-01-13］. http://www.enqa.eu/wp-content/uploads/2015/12/Guidelines-for-ENQA-Agency-Reviews.pdf.

（三）出版评估报告

评审小组根据自我评估报告和实地考察所收集的信息，采用 ENQA 审查模板的格式起草评估报告。评估报告中的最终判断结论通常表述为完全符合要求、大致符合要求、部分符合要求、不符合要求等形式，完成后发送给 ENQA 秘书处。在把评估报告发送给被评估院校之前，ENQA 秘书处审查协调办公室会检查报告内容的一致性、清晰度和语言准确性。由被评估院校检查后，评估报告由评审小组最终定稿，然后提交给 ENQA。评估报告的最终形式根据不同国家的国情而有所不同。有的评估报告给出的质量评估结果主要包括指导性意见或者定性的结论（如"达标"或"不达标"），而有的评估报告则对评估结果的由来进行详细的解释，然后给出评估的最终结论和指导意见，甚至还包括质量改进步骤。各国对评估报告的保密要求也有所差异，瑞典、法国、丹麦、芬兰、荷兰等国家的院校会向公众公开出版评估报告，而少数国家的院校有自主决定是否公开出版评估报告的权利。

（四）跟踪检查

跟踪检查就是外部质量保障机构对被评估院校进行后续随访，检查和督促其改进自身的不足，以保持和提高教育质量。评审小组的两位评审专家参与后续随访，讨论被评估院校感兴趣或认为有难度的领域，或者讨论一个或多个具体的 ESG 标准。所以，被评估院校要充分利用后续随访的机会，与评审专家交流意见和想法，以促进自身质量的保障和提升。在跟踪检查中，被评估院校需要提交一份未来两年后续行动报告。该报告的目的是督促被评估院校改进评估报告中提出的不足，落实评估报告中的建议，并强化高等教育质量保障工作。该后续行动报告的内容主要包括：评审小组和 ENQA 委员会所提建议的落实和问题的解决方案，以及被评估院校在后续两年拟采取的重要改进措施及其进展。此外，被评估院校如果不能接受后续随访，要提前 10~12 个月告知 ENQA 秘书处具体原因。否则，ENQA 审查协调办公室将会主动联系被评估院校，组织开展后续随访，委派审查人员执行任务。后续行动报告和评审人员跟踪检查的简要报告会随同评估报告一起出版。

四、欧洲高等教育区外部质量保障的主要特点

（一）建立质量保障体系是欧洲高等教育发展的必然要求

首先，高等教育大众化是建立质量保障体系的重要背景。20世纪60年代以来，欧洲高等教育进入了较快的大众化进程，同时也出现了教育质量问题，如生源质量下降，师资力量匮乏，办学条件不足，质量把关不严，毕业生就业困难等，引起社会的广泛关注。其次，质量保障体系是欧盟一体化的内在要求。欧盟27个成员国国情不同，高等教育系统千差万别，高等教育质量参差不齐。伴随着欧盟经济一体化的趋势，高等教育的生源地和毕业生就业市场已经扩大至整个欧盟，这必然要求建立一套完整、通用的质量保障体系，提高质量，规范竞争，提高全欧盟高等教育的实力，从而为欧盟经济发展提供合格的劳动力。最后，建立质量保障体系也是教育终身化和国际化的需要。欧洲高等教育区的建立需要打破各种教育体系之间的壁垒，高等教育质量保障体系能够树立一种标杆，并以此联通职业教育、继续教育、基础教育，真正建立终身教育体系；同时，也能确保欧盟高等教育在全球的优势地位及国际竞争力。

（二）以学生的学习产出作为质量保障准则的重要衡量标准

质量保障覆盖教育的投入、过程、产出三方面。20世纪的质量保障更多地注重教育的投入和过程，而21世纪以来，学生的学习产出越来越成为质量保障的重点。欧盟在"欧洲高等教育区学术资格框架"中，将欧洲学术资格分为学士、硕士和博士三个层次，而对这三个层次的质量和水准，均以学生的学习产出进行说明和描述，并把学习产出分为掌握知识和具备智力能力的水平，应用知识和智力能力的程度，人际交流能力的高低，进行终身学习的独立自主性，在知识社会中推动技术、社会和文化进步的作用等几个方面，对每个方面

都进行了清晰的界定。高度重视学生的学习产出已经成为欧盟高等教育质量保障的新趋势和新动向。

（三）以制度建设确保质量保障机构的独立性和规范性

建立高度独立和规范的质量评估机构是欧盟高等教育质量保障体系的又一个重要特点。外部质量保障机构是得到国家承认并具有法定地位的权威机构，且负有绩效问责的责任。这些机构拥有充足的财力和人力资源，能够不受任何利益相关方（包括高等学校和政府部门）的影响而独立进行质量评估活动。同时，为了规范质量保障机构自身的建设，《欧洲高等教育区质量保障标准与指南》对于外部质量保障机构及其运作过程制定了标准与指南，而且还在 2007 年伦敦会议上推动成立了欧洲高等教育质量保障机构注册局，对外部质量保障机构进行规范和管理。EUA、ENQA、EURASHE、ESIB 四家机构两年后对注册局进行评估，保证其运作的公正和透明，树立其在公众心目中的权威。欧盟如此环环相扣的保障制度可谓"煞费苦心"，但保证了质量保障机构的高度独立性和规范性。

（四）以质量保障社会化促进质量保障体系健康发展

质量保障的标准与指南就是由政府部门、专业组织、学生组织、用人单位等各个利益相关方共同制定的。在针对高等学校和质量保障机构的外部质量保障执行过程中，参与的主体同样来自社会各个利益相关方。全社会参与高等教育的质量保障，保障主体多元化，使得质量保障体系更加透明、公正和合理。同时，社会参与同质量保障体系的完善形成良好的互动，参与监督的社会意识不断增强，文化氛围更加浓厚，质量保障体系进一步完善，真正促进了高等教育质量的提高。

当然，欧盟质量保障体系在推行中还面临诸多问题和困难。例如，高等教育是各成员国的重要主权，各国对欧盟教育主权让渡有限，使质量保障本身颇具政治敏感性；各成员国的高等教育水平千差万别，西欧发达国家与新入盟国家之间差距较大；各成员国的价值观和相关的传统文化差异十分突出，而质量保障又属于大学自愿行为；等等。这些因素在很大程度上限制了质量保障体系的推广和应用。但是，作为一种以目标为导向的教育理念，欧盟质量保障体系是成功的，它在欧洲范围内建立了统一的高等教育质量保障标准和准则，为高等教育的规范发展和快速提升奠定了坚实的基础。

｛原文刊载：蒋洪池，夏欢. 欧洲高等教育区外部质量保障：标准、方式及其程序［J］.高教探索，2018（1）：83-87.｝

［作者简介：蒋洪池，中国地质大学（武汉）教育研究院副院长，教授；夏欢，中国地质大学（武汉）教育研究院硕士研究生］

政策篇

后疫情时代欧盟高等教育
发展战略新图景

——基于《欧洲大学战略》的分析

世界百年未有之大变局正加速演进，新一轮科技革命和产业变革带来的竞争日趋激烈，气候变化等全球性问题给人类社会带来前所未有的影响。为应对这一系列危机与挑战，欧盟面向未来重新规划了欧洲高等教育发展战略图景。2021 年，欧盟理事会通过了《欧洲教育领域及其他地区教育和培训合作战略框架（2021—2030 年）》(Council Resolution on a Strategic Framework for European Cooperation in Education and Training towards the European Education Area and Beyond 2021-2030）等文件，强调了赋予高等教育发展新使命的重要性。2022 年 1 月，欧盟委员会正式推出《欧洲大学战略》(European Strategy for Universities）和《关于跨国高等教育合作的理事会建议提案》(Proposal for a Council Recommendation on Building Bridges for Effective European Higher Education Cooperation）等高等教育一揽子计划。[①] 2022 年 4 月，欧盟理事会讨论通过了《欧洲大学战略》，标志着欧盟开始着手推进这一战略计划。立足

[①] EUROPEAN COMMISSION. Commission Communication on a European Strategy for Universities [EB/OL]. (2022-01-18) [2022-02-10]. https://education.ec.europa.eu/document/commission-communication-on-a-european- strategy-for universities.

于过去 20 年的成就，这一战略昭示了后疫情时代高等教育发展的使命和任务，也预示着欧盟在促进欧洲高等教育区建设上迈出了重要一步。因此，本文将基于《欧洲大学战略》文本，分析与梳理欧盟推进欧洲高等教育发展战略更新的动因、战略定位和主要举措，以期对其转型发展的走向有深刻认识。

一、后疫情时代欧盟推进欧洲高等教育发展战略更新的动因

欧盟推进欧洲高等教育发展战略更新，不仅是对疫情后经济全面复苏的回应，也源于其长期以来推进经济结构和发展模式转型升级的需求。此外，其目的还在于进一步应对欧盟高等教育体系自身面临的多重挑战。

（一）促进疫情后欧洲经济全面复苏

尽管欧盟作为全球重要经济体之一，内部市场建设已取得了积极进展，但是近年来受英国脱欧、全球贸易紧张局势等因素影响，欧盟经济增速再次减缓。与此同时，突如其来的新冠疫情深度冲击欧洲，使欧盟经济出现历史性衰退。2020 年，欧盟国内生产总值下降 6.1%，经济同比下滑 6.2%，法国、德国、西班牙等主要经济体均出现了大幅缩水。[①] 由于新冠疫情引发的历史性经济衰退，自欧债危机后连续 6 年下降的欧盟失业率又出现上升势头，同时劳动力在满足市场对技能的需求方面也不尽如人意。2020 年，欧盟 27 国失业率为 7.1%，较上年上升 0.4 个百分点；25 岁以下年轻人失业率为 16.8%，上升 1.8 个百分点。[②] 当前，欧洲仍有 8000 万工人无法满足雇主在技能和创新方面的需求，这在一定程度上阻碍了疫情后欧洲的可持续发展以及市场和技术的深刻结构性变革。[③]

---

① 中华人民共和国商务部. 对外投资合作国别（地区）指南：欧盟（2022 年版）[EB/OL].（2022–01–31）[2022–02–10]. http://www.mofcom.gov.cn/dl/gbdqzn/upload/oumeng.pdf.

② 中华人民共和国商务部. 对外投资合作国别（地区）指南：欧盟（2022 年版）[EB/OL].（2022–01–31）[2022–02–10]. http://www.mofcom.gov.cn/dl/gbdqzn/upload/oumeng.pdf.

③ EUROPEAN COMMISSION. Commission Communication on a European Strategy for Universities [EB/OL].（2022–01–18）[2022–02–10]. https://education.ec.europa.eu/document/commission-communication-on-a-european- strategy-for universities.

为尽早从疫情的冲击中恢复，欧盟及其成员国均出台了大规模的纾困和复苏计划，同时高度重视教育，尤其是高等教育在促进就业和技能培训方面的关键作用。欧盟加快财政一体化步伐，首次以共同债务的方式推出"下一代欧盟"复苏计划，设立 7500 亿欧元的复苏基金支持各成员国经济复苏及其结构转型，辅之以放松财政纪律、实施超宽松货币政策等刺激措施，有望弥补金融危机后的政策缺位。[①] 在国家层面，各国启动国家援助临时框架，成员国可向受疫情影响的公司提供直接赠款、国家担保、贷款贴息、资本重组和次级债务等多种国家援助。在促进就业方面，欧盟委员会为成员国提供高达 1000 亿欧元的贷款以稳定就业形势；同时，为进一步满足公民在新形势下的技能需求，欧盟发布了《欧洲新技能议程》（New Skills Agenda for Europe）和《欧洲技能议程：促进可持续竞争力、社会公平和抗逆力》（The European Skills Agenda for Sustainable Competitiveness, Social Fairness and Resilience）等文件，动员各国及其高等教育机构支持终身学习、专业技能提升与再培训。

（二）服务欧盟发展战略优先事项

新一轮科技革命和产业变革的来临及气候变化等全球性问题给欧盟的未来增添了诸多不确定的因素和挑战。

在社会发展方面，随着气候变化、环境污染、生物多样性丧失以及人口老龄化等问题日益凸显，推进社会可持续发展成为欧盟及世界各国共同追求的目标。同时，互联网和数字技术的发展加快了知识迭代更新的速度，并将进一步重塑社会、劳动力市场和人类的未来。尽管欧盟数字基础设施建设起步较早，但近年来欧盟数字经济发展相对滞后于美国、中国等经济体，促进社会数字化转型的后续力不足。2019 年，欧盟经济总量约占世界经济总量的

---

① EUROPEAN COMMISSION. Commission Staff Working Document［EB/OL］.（2022-01-18）［2022-03-10］. https://education.ec.europa.eu/document/accompanying-staff-working-document-higher-education-package.

15.77%，但欧洲数字企业的市值不到全球数字企业总市值的4%。① 在民主政治方面，近年来，欧债危机、难民危机、恐怖主义和民粹主义威胁，以及英国脱欧等，暴露了欧盟内部机制缺陷和凝聚力不足的问题②，欧洲联合进程中"多样统一"的欧洲认同面临挑战③，社会不平等问题不断加剧④。同时，新冠疫情的冲击与民粹主义和极端主义抬头产生叠加效应，致使欧洲民主价值观受到较大威胁。总体上，人们参与民主进程的积极性不断下降，对政客的信任度较低。⑤ 在国际竞争力方面，随着大国地缘政治博弈的加剧，加之英国脱欧带来的诸多影响，欧盟整体实力和全球地位进一步下降，危机感急剧上升⑥；而以中国、印度等为代表的新兴市场国家的崛起也大幅削减了欧洲老牌资本主义国家的既有优势。⑦

　　在此背景下，欧盟提出引领欧洲有效满足经济发展、社会转型与全球地位提升等需求的优先事项，以疫后经济复苏为契机，重塑欧盟经济结构和未来发展模式。围绕六大优先事项，欧盟着眼于增强经济韧性和竞争力，将绿色和数字化"双转型"确定为发展主轴，重视欧洲民主进程，重视生活方式及全球地位的提升，密集出台了一系列新法案和新举措，以释放经济增长潜力，促进欧盟内部趋同发展。⑧ 同时，欧盟充分意识到任何发展战略的落实都高度依

---

① EUROPEAN COMMISSION. Recovery Plan for Europe［EB/OL］.（2022-01-31）［2022-03-10］. https://ec.europa.eu/info/strategy/recovery-plan-europe_en.

② 严少华. 欧盟战略自主与中国对欧战略新思维［J］. 复旦学报（社会科学版），2021，63（06）：126-136，165.

③ 金玲. "主权欧洲"：欧盟向"硬实力"转型？［J］. 国际问题研究，2020（01）：67-88，138.

④ EUROPEAN INSTITUTE FOR GENDER EQUALITY. Gender Equality Index［EB/OL］.（2017-10-11）［2022-02-20］. https://eige.europa.eu/gender-equality-index/2021.

⑤ EDUCATION, AUDIOVISUAL AND CULTURE EXECUTIVE AGENCY. Political Participation and EU Citizenship：Perceptions and Behaviours of Young People［EB/OL］.（2017-10-11）［2022-02-20］. https://ec.europa.eu/assets/eac/youth/policy/documents/perception-behaviours_en.pdf.

⑥ 伍慧萍. 欧洲战略自主构想的缘起、内涵与实施路径［J］. 德国研究，2021，36（03）：23-45，152-153.

⑦ BUNDESZENTRALE FÜR POLITISCHE BILDUNG. EU-USA-China：Brutto in Lands Produkt（BIP）［EB/OL］.（2019-03-19）［2022-02-20］. https://www.bpb.de/nachschlagen/zahlen-undfakten/europa/135823/bruttoinlandsprodukt-bip.

⑧ EUROPEAN COMMISSION. The European Commission's Priorities［EB/OL］.（2019-07-16）［2022-02-20］. https://ec.europa.eu/info/strategy/priorities-2019-2024_en.

赖于人才、技能和创新的发展。为此，欧盟先后颁布了旨在适应经济发展新形势，并满足社会绿色和数字化"双转型"、欧洲核心价值观培养、欧洲民主进程推进以及国际竞争力提升等需求的一系列措施。

以技能提升和人才培养为例，在促进社会绿色转型方面，欧盟尤为强调加大绿色技术研发与创新，在《欧盟 2030 生物多样性战略》（EU Biodiversity Strategy 2030）和《欧洲绿色协议》（European Green Deal）等文件中倡导可持续发展教育，并提出关于绿色发展知识、技能和态度的欧洲能力框架与支持培养绿色转型技能的一系列具体行动。在促进数字经济的发展和数字化转型方面，欧盟于 2016 年提出《欧洲新技能议程》（New Skills Agenda for Europe），着重强调数字技能对促进欧盟经济增长和竞争力提升的重要性；推出《数字教育行动计划（2021—2027）》（Digital Education Action Plan 2021–2027），实施数字能力框架（Digital Competence Framework）等，进一步促进数字技术在教育领域的应用，以支持欧盟民众使用数字技术和提升数字技能。

然而，由于欧盟各成员国间发展水平和实践模式差异较大，加上新冠疫情冲击，欧盟推进六大优先事项的实际情况逐渐背离其理想目标。欧盟深知高等教育在教学、科研、创新、社会服务等方面有着独特的优势和地位。因此，为了有效满足欧盟发展的六大优先事项需求，尤其是人才培养、技能提升和科研创新方面的需求，欧盟着手推动高等教育改革和创新，并于 2021 年 2 月在《欧洲教育领域及其他地区教育和培训合作战略框架（2021—2030 年）》决议中，将制定高等教育转型议程确定为高等教育优先领域的一项具体行动。

（三）破解高等教育发展现实困境

高等教育质量提升和系统优化是助力欧洲实现其绿色和数字化"双转型"、增强欧洲地区稳定与发展、巩固乃至提升其全球竞争力和话语权的基本前提。因此，欧盟积极推进战略更新也是为了走出欧洲高等教育系统自身面临的困境。

首先，资金缺乏是当前欧洲高等教育转型发展的现实困境之一。当前，欧洲有一半以上的高等教育系统面临着学生人数不断增加但投资不足的压力，同时各地区和机构经费增长速度差异较大。^①以 2019 年为例，欧盟 27 个成员国对高等教育的总投资占国内生产总值的 0.8%，其中意大利仅为 0.3%，而丹麦和芬兰分别为 1.6% 和 1.7%。^②然而，新冠疫情暴发导致高等教育收入锐减，进一步增加了对数字化工具和基础设施的投资需求，同时也放大了所谓的"欧洲资金长期短缺"的问题^③，暴露了欧洲高等教育体系的结构性缺陷和区域差距。

其次，高校分布不均衡，且高等教育系统内部包容性、多样性和性别平等问题亟待解决。尽管当前欧洲拥有一个高度开放的高等教育体系，但是欧洲南部和东部以及法国、德国部分地区的高等教育机构数量偏少。^④同时，来自弱势群体的学生、管理人员和研究人员在高等教育机构中的比例仍然偏低^⑤；在一些学习和研究领域以及大学决策职位上，女性所占的比例略低于男性，性别差距依然存在。^⑥

再次，科研创新能力不强，创新成果转化和利用效率有待提升。在过去20 年中，欧洲创新生态系统存在区域发展不平衡、成果转化效率低、鼓励创新和成果转化的资源缺乏、知识产权监管框架水平参差不齐、官僚体制僵化、

① PRUVOT E B, ESTERMANN T, KUPRIYANOVA V. EUA Public Funding Observatory Report 2019/20 [EB/OL]. (2019-01-18) [2022-02-10]. https://eua.eu/resources/publications/913: eua-public-funding-observatory-report-2019-20.html.

② EUROSTAT STATISTICS EXPLAINED. Government Expenditure on Education [EB/OL]. (2019-01-18) [2022-03-10]. https://ec.europa.eu/eurostat/statistics-explained/index.php?title=Government_expenditure_on_education#Large_differences_between_countries_in_the_importance_of_expenditure_on_education.

③ MUNCK R. Higher Education's Response to the Covid-19 Pandemic: Building a More Sustainable and Democratic Future [R]. Strasbourg: Council of Europe, 2021: 7-11.

④ BONACCORSIA. What ETER Tells Us about the Regional Dimension of European Higher Education [EB/OL]. (2000-01-01) [2022-02-23]. https://eter-project.com/assets/pdf/ ETER_regional_dimension.pdf.

⑤ GWOSC C, HAUSCHILDT K, WARTENBERGH-CRAS F, et al. Social and Economic Conditions of Student Life in Europe: Eurostudent VII 2018-2021 | Synopsis of Indicators [M]. Gütersloh: W. Bertelsmann Verlag, 2021: 32-33.

⑥ EUROPEAN COMMISSION, DIRECTORATE-GENERAL FOR RESEARCH AND INNOVATION. She Figures 2021: The Path towards Gender Equality in Research and Innovation [EB/OL]. (2021-06-24) [2022-02-12]. https://op.europa.eu/s/tfIN.

校企合作紧密度低以及科研创新人才流动性不足等问题。① 同时，高校教学计划对社会创新和创业的重视程度不够，尽管大学以各种方式促进学生创业技能的发展，但从创业培训中受益的学生相对少。② 此外，研究人员在职业生涯中面临的多种挑战，诸如工作条件不稳定、地域流动性不平衡、过于注重学术职业的培训、学术界与企业之间的跨部门流动性不足等问题也亟待解决。

最后，高等教育治理结构不灵活，治理效能低下。近年来欧洲高等教育机构的学术自由和教育治理受到威胁③；尽管欧洲高等教育机构的自主权总体上有所增强，但一些国家给予其高校的自主权仍然有限④；学生和教职员工在高等教育治理过程中的参与度并不高，尤其是学生参与高等教育治理的情况并不像表面上看起来那样乐观⑤。此外，高等教育治理结构与实践往往没有充分反映学生、教师、研究人员、管理人员等群体需求的多样性，也未能有效管理、整合、监测和评估高等教育的相关数据。

二、后疫情时代欧洲高等教育发展的战略定位

高等教育在教学、科研、创新、社会服务与促进经济发展方面有着独特的优势和地位。可以说，卓越与包容的高等教育既是经济持续增长、促进创业

---

① EUROPEAN COMMISSION. Commission Staff Working Document［EB/OL］.（2022-01-18）［2022-03-10］. https:// education.ec.europa.eu/document/accompanying-staff-working-document-higher-education-package.

② EUROPEAN UNIVERSITY ASSOCIATION. Innovation Ecosystems for a Sustainable Europe：How to Enhance the Contribution of Universities［EB/OL］.（2021-11-10）［2022-02-10］. https://www.eua.eu/downloads/publications/in-novation%20survey_position.pdf.

③ ALL EUROPEAN ACADEMIES, THE EUROPEAN UNIVERSITY ASSOCIATION, SCIENCE EUROPE. Academic Freedom and Institutional Autonomy：Commitments Must Be Followed by Action, Joint Statement by ALLEA, EUA and Science Europe［EB/OL］.（2019-04-03）［2022-02-10］. https://www.eua.eu/downloads/content/academic%20freedom%20statement%20april%202019.pdf.

④ ESTERMANN T, NOKKALA T, STEINEL M. University Autonomy in Europe Ⅱ. The Scorecard［R］. Brussels：European University Association, 2011：44-46.

⑤ EUROPEAN STUDENTS' UNION. Bologna with Student Eyes 2020［EB/OL］.（2020-10-28）［2022-02-10］. https://www.esu-online.org/wp-content/uploads/2021/01/BWSE2020-Publication_WEB2.pdf.

和就业的必要条件，也是开放、民主、公平和可持续社会发展的重要基础。[①]为了充分发挥高等教育的巨大潜力，欧盟提出欧洲高等教育发展新愿景，并在文件中明确了后疫情时代高等教育的战略角色定位。

（一）作为"欧洲经济复苏的源泉"

自全球新冠疫情暴发后，疫情造成的经济衰退和萎靡，使欧洲经济发展陷入僵局。欧盟意识到，高等教育巨大的市场潜力可以成为其推动战略布局更新以促进欧洲经济复苏的关键要素。高等教育巨大的市场潜力主要体现在其投资回报率和经济效益上。从投资回报率来看，个人、机构和国家在高等教育领域的投资回报率很高。[②]高等教育投资的净公共回报率约为公共投资额的2~3倍；高等教育研究和创新项目的投资回报率则更大，每投资1欧元就会给商业部门带来13欧元的额外收入。[③]同时，大量研究表明，高等教育交流合作能够给各个国家带来巨大的经济效益。2018年，国际教育为澳大利亚带来高达349亿澳元的经济效益，为英国带来199亿英镑的直接经济效益。[④]因此，为尽快驱散全球疫情带来的阴霾，欧盟试图加快高等教育转型发展，进一步挖掘其巨大的市场潜力以促进欧洲经济复苏。

（二）作为"欧洲绿色和数字化'双转型'的关键参与者"

高等教育被视为社会绿色和数字化"双转型"的关键参与者。

---

① EUROPEAN COMMISSION. Commission Staff Working Document［EB/OL］.（2022-01-18）［2022-03-10］. https://education.ec.europa.eu/document/accompanying-staff-working-document-higher-education-package.

② PSACHAROPOULOS G, PATRINOS H A. Returns to Investment in Education: A Decennial Review of the Global Literature［EB/OL］.（2018-04-10）［2022-02-10］. https://openknowledge.worldbank.org/handle/10986/29672.

③ ORGANIZATION FOR ECONOMIC COOPERATION AND DEVELOPMENT. Education at a Glance 2014 OECD Indicators［EB/OL］.（2014-09-09）［2022-03-10］. https://www.oecd.org/education/EAG2014-Indicator%20A7%20（eng）.pdf.

④ LONDON ECONOMICS. The Costs and Benefits of International Students by Parliamentary Constituency［EB/OL］.（2018-01-10）［2021-03-18］. https://www.hepi.ac.uk/wpcontent/uploads/2018/01/LE-Economic-benefits-of-interna-tional-students-by-constituency-Final-PUBLISHED.pdf.

一方面，高等教育为社会的绿色转型提供了实质性支持和贡献。首先，高校在开展研究以应对环境和气候变化挑战、扭转生物多样性丧失等方面发挥着重要作用，其最终的研究和创新成果还可以为与环境相关的政策、创新和措施奠定坚实的基础。① 其次，高校能培养各年级与各学科学生的生态文明素养，为促进社会绿色转型提供智力支持。最后，高等教育机构通过与当地生态系统合作，建立伙伴关系，以应对绿色转型中的具体挑战，同时，也为加强高等教育机构之间，以及高等教育机构与行业和地方创新生态系统之间的合作和学习，提供了机会。② 这反过来又可以通过教育、研究和创新持续扩大绿色转型的社会影响范围，并在全球和地方层面促进绿色转型理念的渗透与落实。

另一方面，数字化转型正在重塑社会、劳动力市场和工作的未来，而高等教育在促进社会的数字化转型方面发挥了重要作用。就高等教育而言，高校需要数字技术来提高自身运作的效率和灵活性，增强高等教育机构之间的跨国合作；对于毕业生来说，数字能力被视为一项基本能力，它既能促进创新和创造，又能帮助个人获取和使用知识与信息；此外，数字化被视为沟通研究和教育、提供跨学科合作机会的有效手段。在促进数字化转型的过程中，高等教育能帮助欧洲民众发展数字技能和提升能力，以进一步支持其职业发展，维护民主和开放的欧洲社会；同时还能支持社会机构和各行各业更高效、更灵活地使用数字技术。正如欧盟所强调的，只有在高等教育部门发挥作用的情况下，欧盟才能实现其雄心壮志，为更多的年轻人和终身学习者提供绿色与数字技能，或通过技术和创新提出可持续发展方案。③ 因此，欧盟认为非常有必要增强高等教育的数字化能力，促进高等教育积极参与欧洲的数字化转型。

---

① EUROPEAN COMMISSION. Commission Communication on a European Strategy for Universities [EB/OL]. (2022-01-18) [2022-02-10]. https://education.ec.europa.eu/document/commission-communication-on-a-european-strategy-for-universities.
② EUROPEAN UNIVERSITY ASSOCIATION. EUA Strategic Plan: Europe's Universities Shaping the Future [EB/OL]. (2020-06-25) [2022-02-10]. https://eua.eu/downloads/content/eua/strategic/plan/final.pdf.
③ EUROPEAN COMMISSION. Commission Staff Working Document [EB/OL]. (2022-01-18) [2022-03-10]. https://education.ec.europa.eu/document/accompanying-staff-working-document-higher-education-package.

（三）作为"欧洲生活方式的灯塔"

所谓"欧洲生活方式"，指欧盟成员国大约 5.1 亿公民在人权、平等、人力资本投资和社会安全网络方面的共同价值观，包含"民主、人权、法治"等内容，是一个完整的生活体系。[①]2016 年，欧盟在全球战略中提出"要强化自身民主的韧性"[②]；2019 年年底，新一届欧盟委员会专门确立"促进欧洲生活方式"这一新职能。[③]欧洲大学既是欧洲悠久历史文化的重要产物，也是欧洲生活方式的条件和基础。

从历史上看，欧洲高等教育自文艺复兴后便延续了人文主义的学习传统，自觉肩负起了促进欧洲开放和民主社会发展的重要使命。从现实来看，欧洲高等教育对于促进欧洲社会的包容性、多样性和性别平等有重要意义。确保人人平等而又高质量地完成高等教育和从事学术研究，是保障社会结构性公平，进而加强欧洲社会凝聚力和稳定性的重要因素。[④]同时，捍卫学术自由、机构自主，以及让学生和教职员工全面参与高等教育治理，是欧洲高等教育的核心价值观，也是高等教育推进民主进程的重要表现。通过教学活动、提高公民意识的活动、社会创新和研究，以及鼓励利益相关者参与民主治理实践等，高等教育可以帮助师生了解和参与民主进程，并通过坚持科学严谨性以帮助学生加强科学信任感，为学生成长为积极的公民做好准备。[⑤]因此，在全球多地区陷入政治动荡，科学发展与学术自由受到挑战之际，欧盟决定将欧洲价值观和大学

① EUROPEAN COMMISSION. Promoting Our European Way of Life［EB/OL］.（2019-11-15）［2022-02-10］. https://ec.europa.eu/info/strategy/priorities-2019-2024/promoting-our-european-way-life_en.

② EUROPEAN UNION. Shared Vision, Common Action：A stronger Europe. A global Strategy for the European Union's Foreign and Security Policy［EB/OL］.（2016-06-02）［2022-02-10］. https://eeas.europa.eu/archives/docs/top_stories/pdf/eugs_review_web.pdf.

③ 张健．大变局下欧洲战略取向及其影响［J］．现代国际关系，2021（01）：10-20，63.

④ EUROPEAN COMMISSION. Commission Staff Working Document［EB/OL］.（2022-01-18）［2022-03-10］. https://education.ec.europa.eu/document/accompanying-staff-working-document-higher-education-package.

⑤ TEIXEIRA P N, KLEMENI M.Valuing the Civic Role of University Education in an Age of Competition and Rapid Change［J］. The Promise of Higher Education, 2021（09）：145-151.

置于其未来发展的核心地位。

（四）作为"欧洲全球角色与领导力的驱动者"

在全球政治秩序和市场经济充满不确定性的背景下，欧洲需要重新定义其全球角色。对此，欧盟于 2021 年 12 月制定了欧洲全球战略——"全球门户"（Global Gateway），旨在实现在世界上建立"一个更强大的欧洲"的战略目标。[①] 对欧盟而言，教育和研究是"全球门户"投资的优先事项之一，因为高等教育发展对于建设"一个更强大的欧洲"有着极为重要的意义。高等教育能为欧洲的外交和安全政策、国际协议及多边行动提供科学依据，同时能通过国际合作应对全球挑战，巩固与其他国家和地区的伙伴关系，进而加强其影响力和话语权。

首先，通过生产和传播知识并与多国建立合作伙伴关系，高等教育能汇聚世界人才与智力资源以帮助欧盟应对全球挑战。全球新冠疫情暴发以后，国际化合作的需求不减反增便是最好的证明。其次，作为科学外交的关键参与者，高等教育能将欧洲与世界紧密联系起来，进而扩大欧盟的全球影响力。[②]通过全球人才流动、与全球伙伴国家建立牢固的合作桥梁，以及倡导高等教育价值观，大学逐渐成为"欧洲软实力"的重要组成部分。如"伊拉斯谟＋计划"等对于高等教育在维持欧盟与其战略伙伴关系、巩固欧盟全球角色方面发挥了越来越大的作用。最后，大学与生俱来的使命和"卓越研究愿景"也着力强调稳固欧洲在全球的地位，呼吁欧洲大学维护其在前沿研究和教育方面的领先地位。对其他国家和地区的高等教育机构来说，欧洲的经验确实可以为其走向国际化或加强区域合作提供重要参考。这种交流与学习反过来也会极大地提升欧洲的影响力和竞争力。因此，欧洲需要充分发挥高等教育的巨大潜力，以

---

① EUROPEAN COMMISSION. The Global Gateway［EB/OL］.（2021–12–01）［2022–03–10］. https://ec.europa.eu/info/sites/ default/files/joint_communication_global_gateway.pdf.

② EUROPEAN COMMISSION. Commission Staff Working Document［EB/OL］.（2022–01–18）［2022–03–10］. https:// education.ec.europa.eu/document/accompanying–staff–working–document–higher–education–package.

高等教育国际合作驱动欧洲角色的重塑，并促进影响力的有效提升。

三、后疫情时代欧洲高等教育发展战略的着力向度

在上述战略定位和愿景的指导下，欧盟将着力点放在搭建欧洲区域内高等教育跨国合作新框架，扩大高校参与绿色和数字化"双转型"的广度与深度，以欧洲区域合作带动全球合作发展，以及加快高等教育治理结构调整与创新四个方面。

（一）搭建欧洲区域内高等教育跨国合作新框架

推进高等教育实现更深入、持久和有效的跨国合作，是加快欧洲高等教育在教育、研究、创新和社会服务等领域转型发展，积极应对欧洲和全球重大挑战的关键。《欧洲大学战略》提出要为深化欧洲高等教育跨国合作搭建有效的新框架，并针对欧洲层面的高等教育和研究国际化提出了四大旗舰计划。[①]

第一，扩大"伊拉斯谟＋计划"和"欧洲大学倡议"（European Universities Initiative）的影响范围。该计划的目标是将入选计划的高校数量从 41 所增加到 60 所，整合现有的教育、研究、创新和社会服务领域的高等教育机构并发展战略合作联盟；充分利用"地平线欧洲"（Horizon Europe）、"数字欧洲"（Digital Europe）以及其他项目措施，支持欧洲高等教育机构的跨国联盟，支持师生与研究人员的无缝流动。第二，制定欧洲高等教育机构联盟法律法规。通过探索和整合现有高等教育机构联盟的资源、活动和数据，欧盟将联合各成员国共同制定高校联盟法律法规，有效保障联合学位的授予以及跨国合作的深入、持续和灵活发展。第三，建立欧洲联合学位。《欧洲大学战略》计划从 2022 年开始，在"伊拉斯谟＋计划"中进行欧洲联合学位的试点工作，并着手制定授予欧洲学位认可的标准，为跨国合作背景下参与多所高校联合课程

---

① EUROPEAN COMMISSION.Commission Communication on a European Strategy for Universities ［EB/OL］．（2022-01-18）［2022-02-10］. https://education.ec.europa.eu/document/commission-communication-on-a-european-strategy-for-universities.

的学生提供学历学位证书。第四，推出欧洲数字学生卡。欧盟计划向欧洲大学的国际学生和交换生提供通用的欧洲学生识别码，在促进流动学生管理工作更加高效环保的同时，有效提升欧洲学生的跨国流动性。此外，欧盟还承诺将为高等教育和研究提供充足的财政支持。该战略提出，将通过"伊拉斯谟＋计划""地平线欧洲""数字欧洲"等资金项目，为欧洲各级大学提供经费支持，预计在2021—2027年的规划期内投入800亿欧元以支持高校发展，并希望各成员国和高等教育部门的参与者有效利用各项政策工具，探索与国家、区域和地方资金的协同效应，以实现《欧洲大学战略》的共同愿景。

（二）扩大高校参与绿色和数字化"双转型"的广度与深度

在促进社会绿色转型和可持续发展方面，欧盟将着力支持各成员国及高校全面开展相关实践、教学与创新工作，通过同行学习，分享成员国在可持续性发展方面的实践经验；支持大学通过多方合作开发绿色转型技能的短期学习课程；支持以教育促成气候联盟，以欧洲气候公约大使为基础，由学生、学者、大学、雇主和社区在气候挑战方面建立跨国伙伴关系平台——"高等教育气候先锋"（Higher Education Climate Frontrunners）；推广新的"伊拉斯谟＋计划"并监测其实施，以促进保护环境和应对气候变化相关的行动；支持实施战略研究和创新行动计划，实现绿色能源转型和关键工业生态系统的绿色化；等等。

在数字化转型方面，欧盟将重点支持高校发展数字技能并促进自身数字化转型。《欧洲大学战略》提出，将基于《数字教育行动计划（2021—2027）》培养学生、员工和研究人员的数字技能；通过"数字欧洲"，为尖端数字技术方面的专业教育和培训计划以及人工智能、网络安全等方面的多学科课程提供支持；支持启动和推出目标明确且与现有系统兼容的欧洲平台，以促进高等教育机构之间的合作；在欧盟层面上采取专门措施鼓励高校推动欧盟数字化转型，组织高校共同制定指导方针和原则，允许高校相互访问，实现知识和数据的无缝衔接。这些举措将为欧盟顺应欧洲地区数字化转型奠定良好的基础。

（三）以欧洲区域合作带动全球合作发展

欧盟将以"欧洲团队"的力量赢得国际合作的主动权，进一步加强在全球层面的话语权和影响力。欧盟"全球门户"战略拟于2027年前在全球范围内投资3000亿欧元，以加强欧洲供应链，促进欧盟贸易，应对气候变化，并重点关注数字化、卫生、气候、能源、运输及教育研究等领域。[①] 在"全球门户"战略的基础上，欧盟将继续扩大2021—2027年新一代"伊拉斯谟+计划"的全球高校参与范围，同时加大投资力度，加强欧洲在全球教育、培训、青年和体育领域的流动性，提升合作水平。同时，受国际合作与援助方法的启发，欧盟采用"欧洲团队"的方法推动全球合作，即充分发挥欧盟及其成员国与相关利益群体的集体力量，以寻求更高效的全球合作。欧盟将致力于建立有意义的伙伴关系，在与伙伴国家的政策对话中充分利用其集体影响力，加强资源协调与整合，促进联合决策并确定优先事项，进而优化学习成果，推进教育公平和就业技能发展，并满足全球合作伙伴的教育总需求。

同时，《欧洲大学战略》进一步细化欧盟在国际合作层面的措施和行动。具体包括：开发"欧洲学习"（Study in Europe）门户，促进国际交流；推动大学和机构之间在国际化方面互相学习与借鉴；在互惠的基础上加强同西巴尔干、欧盟周边地区和非洲等地区的伙伴关系，更好地参与和利用校友网络。同时，欧盟敦促成员国及时向第三国学生发放签证，以促进欧洲和其他地区之间的流动；通过"伊拉斯谟世界联合培养硕士项目"支持全球顶尖大学联盟开发和实施硕士课程以应对全球挑战；通过"欧洲资格框架"（European Qualifications Framework）等保障对第三国资格（包括难民资格）认可的透明性和公平性。

[①] EUROPEAN COMMISSION. Global Gateway：Up to €300 Billion for the European Union's Strategy to Boost Sustainable Links around the World［EB/OL］.（2021-12-01）［2022-03-10］. https://ec.europa.eu/info/strategy/priorities-2019-2024/stronger-europe-world/global-gateway_en.

（四）加快高等教育治理结构调整与创新

为提升欧洲高等教育的卓越性与包容性，欧盟将从以下四个方面加快高等教育治理结构的调整与创新。

首先，增强高校科研治理效能，提升教学创新水平。《欧洲大学战略》提出要制定系统、全面、有吸引力的学术职业框架以优化当前治理结构；通过加强高校间，以及高校与地方创新系统、工业生态系统之间的合作，大力拓展终身学习与就业能力提升的路径；此外，支持如"生活实验室"（Living Labs）一类的以学习者为重点的项目与活动，培养学生通过各种学习空间和灵活的跨学科路径应对挑战，同时支持学生发展批判性思维、解决问题的能力、创新能力和创业技能。

其次，从制度改革入手，继续促进欧洲高等教育系统内的多样性、包容性和两性平等，实现真正的结构性公平。欧盟制定欧洲框架以全面概述大学面临的挑战及其解决方案，同时为科学、技术、工程和数学（Science, Technology, Engineering, Mathematics, STEM）领域女性研究者及有风险的研究人员提供相应支持。在国家层面，欧盟呼吁各成员国鼓励大学通过多样性和包容性的具体措施实施体制改革，制订国家支持计划以帮助难民和寻求庇护的个人接受高等教育，等等。

再次，加强高校学术自由和自治能力，鼓励学生与教职员工全面参与高校治理。在保护学术自由和维护诚信方面，欧盟将推出新的《伊拉斯谟高等教育宪章》（Erasmus Charter for Higher Education）和《伊拉斯谟学生宪章》（Erasmus Student Charter），同时结合保护学术自由和科研自由的行动计划，进一步提出关于保护基本学术价值观的指导原则。此外，欧盟呼吁各成员国支持欧洲高等教育领域的多样性，加强和尊重高校自治，促进和保护学术自由与学术诚信。

最后，开展高等教育数据监控与治理。欧盟将于 2023 年设立一个欧洲高等教育观察站（European Higher Education Sector Observatory），比较、分析和评估高等教育机构在各个领域的表现，包括包容性、价值观、教育质量、流动性、绿色和数字化技能、就业能力、跨国合作、技术转让，以及欧盟、国家和机构层面对高等教育和研究投资的情况，等等。同时，欧盟还将加强现有数据工具之间的协同作用以保障重点突出、以目标驱动的监测过程，整合数据平台以消除潜在的重复数据，并减轻高等教育机构的数据收集负担。

四、结语

《欧洲大学战略》是欧盟委员会及 27 个成员国加强高等教育与研究支持力度的一项重要声明和承诺，预示着欧盟在促进欧洲高等教育与研究发展上将迈出重要一步，也为打造一个更强大、更繁荣和更加灵活的欧洲奠定了重要基础。可以说，该战略的出台既是欧盟对当下欧洲经济复苏诉求和重大社会挑战的积极回应，也是对面向未来维护欧洲区域稳定与巩固欧洲国际竞争力所提出的综合方案。

通过对该战略及相关配套文件的解读不难发现，欧盟此次对高等教育的战略规划具有鲜明的延续性和突破性。其延续性主要体现在政策的源流、制定及实施主体上。该战略是在欧盟政治经济利益诉求的基础上，对已有高等教育发展规划的继承和补充，包括欧盟长期发展优先事项、博洛尼亚进程以及"欧洲大学倡议"等；同时，在政策制定和实施主体上，依旧遵循欧盟层面提供政策规划、各成员国密切配合出台具体措施并有效落实的模式。其突破性体现在三个方面。首先，该战略重新定义了高等教育的四项关键角色，从战略层面高度肯定高等教育的重要意义。其次，该战略强调将国际合作视为促进高等教育转型发展的重要突破口和手段，并为"无国界大学"提供了方向和动力。正如部分专家所指出的，这一战略本身传达了一项极为关键的信息，即欧洲层面的跨国合作和全球层面的国际合作齐头并进能最大限度地激发高等教育和研究的潜能。[①] 最后，该战略以欧盟集体的力量赢得国际合作的主动权，强调在"做

① HAZELKORN E, KLEMENCIC M. Strategy Seeks' Inclusive Excellence' for European HE ［EB/OL］.（2022-01-20）［2022-02-10］. https://www.universityworldnews.com/post.php?story=202201201333817396.

强自己"的基础上，以区域合作带动更高效的全球合作。

当然，相关利益主体和学界对该战略的肯定与担忧并存。由于这一战略本身范围广，内容丰富，涉及的利益主体众多，相关领域的专家学者与高校联盟对其具体内容、配套措施及实施可行性持保留态度。杨·帕莫斯基（Jan Palmowski）认为，虽然文件里的很多想法已是老生常谈，但从欧盟将其摆在台面上讨论并要求成员国给予支持这一点来看，其影响还是非常深远的。[1] 欧洲研究型大学联盟（League of European Research University）虽然支持这一战略，但对其能否落实深表怀疑："无论这些文件看起来多么雄心勃勃，它们的实现最终将取决于成员国，同时资金依然会是阻碍战略推进和落实的关键性问题。"[2] 此外，欧盟部分成员国认为，该战略实施的前景并不乐观。[3] 尽管当前针对《欧洲大学战略》具体内容和实施前景的评价褒贬不一，但鉴于其出台不久，而且后疫情时代的不确定性因素仍在增加，该战略后期实施过程中的走向及成效均需进一步跟踪与研判。

{原文刊载：宋瑞洁. 后疫情时代欧盟高等教育发展战略新图景——基于《欧洲大学战略》的分析［J］. 比较教育研究，2022，44（12）：88-97.}

（作者简介：宋瑞洁，北京师范大学国际与比较教育研究院博士研究生）

---

① PALMOWSKI J. The EU's University Strategy Is a Good Start — But More is Needed［EB/OL］.（2022-01-21）［2022-02-10］. https://www.timeshighereducation.com/blog/eus-university-strategy-good-start-more-needed.

② MITCHELL N. Remove Barriers to University Cooperation, Urges EUA［EB/OL］.（2022-01-31）［2022-02-10］. https://www.universityworldnews.com/post.php?story=20220131084603578.

③ BISSON R. EU Universities Strategy Will Be 'Hard to Implement', Minister Says［EB/OL］.（2022-01-26）［2022-03-10］. https://www.researchprofessionalnews.com/rr-news-europe-politics-2022-1-eu-universities-strategy-will-be-hard-to-implement-minister-says.

欧盟教育数字化转型：政策演进、关键举措及启示研究

"数字经济发展速度之快、辐射范围之广、影响程度之深前所未有，正在成为重组全球要素资源、重塑全球经济结构、改变全球竞争格局的关键力量。"[①] 我国"十四五"规划首次明确，将"加快数字化发展、建设数字中国"，实施"数字中国"战略。作为我国数字化转型与发展的核心要素，数字化人才培养日益成为我国创新驱动发展、产业转型升级的关键。在数字化时代，不仅需要培养年轻一代作为"数字原住民"的核心素养与能力，还要大量培养大数据、人工智能等前沿领域的拔尖创新型人才，这对教育数字化转型提出了高要求和新挑战。

欧盟成员国德国、法国、意大利等传统工业强国在数字化时代面临美国和新兴经济体的挑战。传统经济产业结构的转型升级以及数字经济相关产业人才极度短缺等因素，对欧盟国家的教育体系提出了新的要求。在此背景下，推动教育数字化转型，大规模培养数字化人才以支撑数字经济发展，实现经济社会转型升级，成为欧盟成员国的一项重要任务。本研究选取近年来欧盟关于教育数字化的关键性政策文件和报告，讨论欧盟教育数字化转型的政策演进、关键措施与实施路径，以期为我国提供借鉴。

---

① 习近平. 不断做强做优做大我国数字经济 [J]. 求是，2022（02）：1-5.

一、欧盟教育数字化转型的政策演进

有学者指出，数字化转型不同于数字化。数字化是指将模拟信息转化为数字信息，最初源于企业实践，本质是充分运用数字技术和数据资源解决复杂不确定性问题，达到降本增效、提升能力效率的目的。[①]数字化转型则是在数字化转换和升级的基础上，利用数字化技术，重构组织业务和运营流程，优化组织运行和治理能力，从而提高运营绩效的一种变革过程。教育数字化转型是指随着数字技术的广泛应用，信息技术应用不断创新和数据资源持续增长双重作用叠加，推动教育目标、资源配置方式、教学组织与评价模式、人才培养机制等持续变革，进而使教育理念与实践发生深刻的转型和重塑。依据不同时期欧盟教育数字化的政策重心与特点，本研究尝试将欧盟教育数字化的发展演进分为四个阶段。

（一）起步阶段（2000—2010 年）

欧盟教育数字化起步于 2000 年启动的"里斯本战略"，该战略作为欧盟第一个十年经济发展规划，明确提出通过鼓励创新，建设世界范围内最具竞争力和活力的知识经济的构想。客观而言，这一时期教育数字化仍然处于起步阶段，主要体现在两个方面。一是"里斯本战略"提出要大力发展以互联网、数字化为代表的创新型知识经济。欧盟要求成员国加大校园互联网硬件设施的建设投入，为智慧校园建设和教育数字化发展打下基础[②]，但是传统教学的理念、目标与实践模式并未发生改变，数字技术也未在教育领域得到广泛应用。二是欧洲教育一体化发展为教育转型创造了条件。在欧盟推动下，博洛尼亚进程启动并有力推动了欧洲教育一体化发展，国家资格框架等制度化、标准化建设极

---

① 翟云，蒋敏娟，王伟玲. 中国数字化转型的理论阐释与运行机制［J］. 电子政务，2021（06）：67–84.

② RODRIGUEZ R. The Lisbon Strategy 2000–2010：An Analysis and Evaluation of Methods Used and Results Achieved［R/OL］.（2008–07–10）［2022–07–30］. https://www.europarl.europa.eu/RegData/etudes/etudes/join/2010/440285/IPOL–EMPL_ET（2010）440285_EN.pdf.

大地提升了欧洲各国教育的可比性和兼容性，加强了欧盟在教育领域的影响力和推动力，为欧盟实施统一的教育数字化转型打下了基础。

（二）布局阶段（2010—2015 年）

欧盟 2010 年出台第二个十年经济发展规划"欧盟 2020 战略"，正式启动"欧洲数字化议程"，提出加快经济和工业数字化转型，希望借此实现经济革新、可持续增长和获得竞争优势的施政目标。[①] 在这种背景下，欧盟将教育领域的数字化转型正式提上议程，并开始有计划地布局。首先，欧盟推动德国、法国等成员国出台了数字化战略，从国家战略层面推动经济社会的数字化转型。其次，欧盟以教育目标为导向，对数字化能力进行界定和标准化解读，于 2013 年 5 月发布《公民数字化能力框架》等文件，要求欧盟成员国据此出台适应各自教育发展现实的政策，革新传统的教育理念和实践模式，推动学校制定以数字化能力培养为核心目标的教学内容框架，大量培养具有数字化能力的公民，从而支撑数字经济的发展。最后，依托欧盟"地平线欧洲"（2020 年）科研规划、"伊拉斯谟计划"等，欧盟资助建设了一批数字创新中心和实验室，为数字创新人才培养做好准备。至此，欧盟教育数字化的基础设施已较为完备，数字化教育理念被广泛接受。

（三）快速发展阶段（2015—2020 年）

这一阶段欧盟教育数字化转型与发展开始步入快车道。欧盟整合区域内的资源，推动数据经济、网络安全、在线平台等发展，同时厘清法规和标准，构建公平竞争机制，力图促进欧盟全域内各成员国工业数字化发展。与之相适应，教育数字化转型的步伐明显加快，相关政策的着力点体现在两个方面。一是以数字化能力培养为导向的教学体系基本形成，成员国各级学校开始系统培养数字化核心素养与能力。欧盟发布的《欧洲学校的数字教育》要求成员国对

---

① 张婷婷. 欧盟："欧洲 2020 战略"关注教育与培训 [J]. 比较教育研究，2014，36（03）：108.

各级学校开设数字化课程的情况、教师的数字化执教能力，以及学生的数字化素养和能力进行评估。[①] 二是数字领域的拔尖创新人才培养步伐加快，其间欧盟先后出台了《欧洲工业数字化战略》《建立欧洲数据经济》《欧洲人工智能战略》等文件，通过欧盟资金支持高校和科研院所在工业自动化、大数据、人工智能等前沿领域培养人才，从而在全球竞争中抢占数字技术的制高点。这一阶段，教育数字化虽然得到长足发展，但成员国仍未对教育数字化发展进行顶层设计，欧盟也缺乏战略性谋划和系统性举措推动教育数字化的可持续发展。

（四）战略发展阶段（2020 年至今）

这一阶段，数字化转型上升至欧盟数字主权的高度，欧盟委员会主席冯德莱恩领导的欧盟将数字化转型与能力建设作为重点，要求对数字化转型进行总体规划和再定义，建立基于规则和标准的数字化转型框架，为此密集发布了《塑造欧洲的数字未来》《欧洲数据战略》《人工智能白皮书》等系列文件。在前期充分酝酿的基础上，欧盟于 2021 年 3 月发布了纲领性文件《2030 数字指南针：欧洲数字十年之路》，提出了欧盟数字化转型的愿景、目标和途径。具体到教育领域，欧盟委员会制定实施《数字教育行动计划（2021—2027）》，在顶层设计和项目资金上全面支持教育数字化发展，还建立了欧洲数字教育中心，作为执行单位采取一揽子举措，具体落实与推动教育数字化转型。与此同时，欧盟要求成员国制定适应各自国情的数字化教育战略，支持成员国革新教育理念和实践，大量培养不同领域、层次的数字化人才以适应经济发展。欧盟教育数字化进入全面战略发展时期。

总体来看，欧盟 20 多年持续推进经济产业和教育数字化发展，成员国也紧跟欧盟步伐，在欧盟立法框架下先后出台政策文件推动数字化转型（表 1）。可以说，欧盟教育数字化的发展演进呈现出政策支持力度不断加大、主权意识更加明晰、参与主体日益增多、覆盖人群愈加广泛、监管力度逐渐加强的趋

---

① EUROPEAN COMMISSION. Digital Education at School in Europe [R/OL].（2019–09–05）[2020–07–30]. https://eurydice.eacea.ec.europa.eu/publications/digital–education–school–europe.

势。欧盟委员会在文件中多次强调通过教育数字化转型提升全民的数字能力，扩大数字化专业人才规模，确保欧盟成为数字经济的领跑者。从过去的政策轨迹可以推断，下一个十年欧盟推动教育数字化转型的目标将更加明确，即以人为本，提升全体公民的数字化能力，扩大数字专业化人才规模，建设一个"没有人掉队"的可持续发展的数字化社会。到 2030 年，欧盟境内至少 80% 的成年人应具备基本数字能力，拥有 2000 万名信息和通信技术专家，以此加强欧盟的数字主权，支撑欧洲成为世界上先进的数字经济地区之一。[①] 具体目标主要涵盖四个方面：一是树立教育数字化转型的意识，也就是充分应用数字化技术与数据积累，改变传统的教学内容与方式，实现数字思维引领的教育转型；二是涵育数字化能力，既包括公民适应数字化社会的生活和工作能力，还包括专业技术人才的创新能力；三是构建数字化教育生态，加强新型基础设施建设，推动技术支持的教学法变革和创新技术赋能的教学评价；四是形成数字化多层治理体系和机制，构建由欧盟及成员国各级政府主导、社会参与、学校与企业等多方主体协同的教育治理体制机制，对传统教育进行全方位系统性重塑。[②]

表 1　欧盟及成员国教育数字化转型与发展相关政策文件

发布主体及时间	文件名称	目标、相关内容
欧盟委员会（2010 年）	《欧盟 2020 战略》	实施"欧洲数字化议程"计划，提出"提升教育水平和减少贫困"等五大目标，明确"提升和优化教育系统，帮助青年顺利进入劳动力市场"等七大举措
法国（2011 年）	《数字法国 2020》	为法国信息化发展创建良好的政策环境，关注教育界的数字教学和数字办公等信息化普及

---

① EUROPEAN COMMISSION. Communication from the Commission to the European Parliament，the Council，the European Economic and Social Committee and the Committee of the Regions — 2030 Digital Compass：The European Way for the Digital Decade［EB/OL］.（2021-03-09）［2022-08-03］. https://eur-lex.europa.eu/legal-content/en/TXT/?uri=CELEX%3A52021DC0118.

② EUROPEAN COMMISSION. Digital Education Action Plan 2021-2027［EB/OL］.（2020-09-30）［2022-08-10］. https://eur-lex.europa.eu/legal-content/EN/TXT/?uri=CELEX%3A52020DC0624.

续表

发布主体及时间	文件名称	目标、相关内容
爱尔兰（2013 年）	《国家数字战略2015—2025》	成立数字创新中心；支持都柏林大学等高校成立数字创新中心和实验室，培养数字创新人才
比利时（2015 年）	《数字比利时行动计划》	列出国家的长期数字化发展愿景和明确目标，依靠数字经济、数字基础设施、数字技能和工作等支柱，提高比利时在数字领域的地位
法国（2015 年）	《教育数字行动》	系统提升学校教育数字化能力，资助约 600 所中小学数字硬件改造，培训 26 万名教师，开发数字化教程和网络课程等
欧盟委员会（2016 年）	《欧洲新技能议程》	培养公民数字基本能力和素养
欧盟委员会（2016 年）	《欧洲工业数字化战略》	培养与工业 4.0 战略匹配的数字技能人才
德国（2016 年）	《数字化战略2025》	至 2025 年数字化教育贯穿于各级各类学校教育和终身教育中
欧盟委员会（2013 年、2016 年）	《公民数字化能力框架》1.0、2.0 版	建立数字能力框架，指导政府、学校提升公民数字能力
欧盟委员会（2017 年）	《欧盟教师数字化能力框架》	指导教育者、教师数字化专业发展，指导数字化教学与评估
欧盟委员会（2018 年）	《投资未来：欧洲2021—2027 数字化转型》	投资 92 亿欧元重点资助超级计算、人工智能、网络安全、数字技能教育与培训、数字技术广泛应用五大领域
欧盟委员会（2018 年）	《数字教育行动计划（2018—2020）》	培养数字能力，并通过数据预测推进数字化教育变革
荷兰（2018 年）	《数字化战略》	推进国家支柱产业的数字化，加强网络安全、隐私、数字技能和公平竞争等方面建设
欧盟委员会（2019 年）	《人工智能伦理准则》	规范人工智能等领域潜在的伦理问题，规范 AI 教育应用
奥地利（2019 年）	《数字化奥地利2050：战略行动计划》	促进教育系统的数字化转型，在国民教育系统中推动传统学科与数字化交叉融合，培育数字能力

续表

发布主体及时间	文件名称	目标、相关内容
欧盟委员会（2020年）	《塑造欧洲的数字未来》	重点关注服务于人的技术、公平竞争的经济、开放民主和可持续的社会三个目标，确保欧洲进行数字化转型
欧盟委员会（2020年）	《人工智能白皮书》	成为数字经济创新领导者，以人工智能赋能数字教育行动计划
欧盟委员会（2020年）	《欧洲数据战略》	提出建立真正的数据单一市场的愿景，将欧盟构建成为世界上最具活力的数字经济体，并提出数据战略的四大支柱和开放积极的国际化途径
欧盟委员会（2020年）	《数字教育行动计划（2021—2027）》	明确教育和培训系统可持续并有效适应数字时代发展变化的十大指导原则，提出"促进高绩效数字教育生态系统的发展"和"提高数字技能和数字能力以实现数字化转型"两大战略，以及13项行动计划
德国（2021年）	《数字化实施战略》	创建"国家数字教育平台"，在各级各类教育中普及数字教育，培育数字化能力
欧盟委员会（2021年）	《2030数字指南针：欧洲数字十年之路》	确立"提升全体公民的数字技能，扩大数字专业化人才规模"等目标；到2030年，欧盟境内至少80%的成年人应具备基本的数字技能，拥有2000万名信息和通信技术专家
欧盟委员会（2021年）	《数字欧洲计划》	设立和提供重要的先进数字技术硕士课程，帮助欧洲公民提高数字技能
欧盟委员会（2022年）	《新数字战略》	寻找后疫情时代数字转型机遇，提出培育数字文化、做好数字政策制定、构建安全可持续高性能的数字基础设施等目标

二、欧盟教育数字化转型的关键举措

（一）做好顶层设计，优先发展数字教育

　　培养数字化人才是欧盟在实现中长期发展战略、推进数字经济发展过程中的重要举措。过去20多年，欧盟出台了系列重要文件，针对教育数字化

转型进行了持续有效的设计和探索。教育数字化转型是新一届欧盟领导层的施政重点之一，欧盟及成员国共同出台了《数字教育行动计划（2021—2027）》，提出欧洲公民提高数字技能的目标举措，通过设立和提供重要的先进数字技术硕士课程以提高欧洲公民数字技能等，系统培养数字人才。在欧洲经济下行叠加新冠疫情的背景下，欧洲教育峰会连续两年聚焦教育数字化转型，欧洲各国在数字化转型上逐渐达成共识。目前，在欧盟指导下，已有德国、法国、比利时、爱尔兰、奥地利等16个成员国推行数字化能力战略，提出长期数字化发展愿景并明确目标，在国家教育质量保障与评价体系中纳入数字化教育相关内容与标准。同时，欧盟在资金支持方面，优先考虑数字化人才培养，以保障各项政策的顺利实施。2014—2020年，欧盟通过"伊拉斯谟＋计划"、欧洲地区发展基金（EFRE）和欧洲社会基金（ESF），投入约260亿欧元，解决数字化人才培养中的师资紧缺、课程单一和设备不完善等瓶颈问题，提升数字化人才培养质量。欧盟成员国奥地利连续投资28亿欧元，促进教育系统的数字化转型，为学校提供创新和数字化服务，推动"数字技术进课堂"，旨在帮助"每一位学生在数字化世界生活和学习"，提高全民数字素养。

（二）制定教学标准，系统培育数字化能力

在数字经济时代，数字化能力是个人生存和发展的新型能力，是数字化转型的重点指向。欧盟面向数字时代抢抓机遇，以培养数字化能力为导向，引导各成员国实现数字化转型。2013年，欧盟委员会发布的《公民数字化能力框架》认为，数字能力是数字时代重要的生存技能，是公民在工作、生活、学习、休闲和社会参与过程中创造性地使用信息与通信技术（ICT）的知识、技能和态度等综合能力。2016年，欧盟委员会在《公民数字化能力框架》1.0版的基础上，更新出台《公民数字化能力框架》2.0版，将数字化能力进一步量化细分为五大领域21种能力，并作为教学、评价和认证的依据（表2）。

表 2 《公民数字化能力框架》2.0 版数字化能力的五大领域

数字能力	
信息数据处理能力	a）浏览、查找和筛选数据信息的能力； b）评估数据信息的能力； c）管理数据信息的能力
数字内容创作能力	a）数字内容的创新能力； b）数字内容重新整合与编排的能力； c）版权与许可证； d）编程的能力
沟通协作能力	a）使用信息技术进行互动的能力； b）通过信息技术进行交流分享的能力； c）通过信息技术参与公民生活的能力； d）通过信息技术进行合作的能力； e）互联网基本礼仪； f）管理数字化身份的能力
安全能力	a）保护设备的能力； b）保护个人信息的能力； c）保护个人健康福祉的能力； d）保护环境的能力
问题解决能力	a）解决技术问题的能力； b）定位需求并给予技术反馈的能力； c）创新性使用数字化工具的能力； d）识别数字能力差距的能力

　　基于对数字能力的定义和分类，欧盟将数字能力映射至教育领域，指导各国制定相应的教学标准和课程大纲，要求各级各类学校据此开设信息科学、编程和人工智能等课程。此外，欧盟根据创新人才培养框架，出台《欧盟教育工作者数字化能力框架》，为创新数字化人才培养和教育工作者数字化胜任力提升提出了共同参照框架，并出台相应的"欧洲数字化能力证书"，其标注持有人的数字化能力水平和熟练程度得到了欧洲各国的广泛认可。通过欧盟的持续积极推动，截至 2021 年年底，19 个成员国相继出台并实施数字化能力建设框架，制定数字化战略行动方案、政策和评价标准等，构建数字化人才培养体系。德国和希腊专门成立了国家数字能力发展中心，建立统一且动态调整的数字化教育课程标准和认证机制，培养不同层级学生和教师的数字

化能力。目前，法国建立了数字公民学院，在所有中小学开设常态化的信息技术课程，要求大学开设数字化实践课程，同时通过在线平台提供在线学习课程。

（三）构建教育生态，协同培养数字人才

目前，欧盟及成员国已初步建立起了一个政府搭台、企业支持、学校对接、共建共享，以产业和技术发展的最新需求推动数字人才培养的教育生态。具体而言，冯德莱恩领导下的欧盟委员会协调成员国政府持续加强政策引导并加大资金支持，在2021年出台的可持续增长战略中，将教育数字化列为欧洲经济复苏与增长的七大旗舰投资领域之一，投资逾2.49亿欧元，用于教育数字化装备、师资培训、数字技能课程研发等领域。此外，欧盟还通过欧洲理事会的部长联席会议机制，推动成员国政府和社会组织等共同出资，助力缩小成员国之间在互联网硬件接入、技术开发和师资等方面的数字鸿沟。同时，欧盟充分考虑各成员国数字化转型的不同利益诉求，构建多方合作机制，实现资源整合和优势互补，共同培养数字化人才。2021年，欧盟宣布正式启动"数字化教育枢纽"，旨在围绕"联系、监督、合作、创新"四个目标，搭建一个覆盖成员国的信息共享和合作交流平台。具体工作包括协调制定实施数字教育政策，对各成员国的发展情况和完成进度进行监督，构建数字化教育质量保障机制，制定数字教育共同标准，等等。[1]

欧盟立足行业、产业和企业需求，促进产学研用协同和融合，推进数字化人才培养。2016年12月，欧盟成立"数字技能与就业联盟"，在该联盟框架下，根据不同的数字经济领域成立了"欧洲软件技能联盟""欧洲人工智能联盟"等，构建包括成员国教育部门、数字企业协会、高等院校校长协会、培训机构和欧洲投资基金等各种利益攸关方的数字教育框架，并建立日常管

---

[1] EUROPEAN COMMISSION. European Digital Education Hub［EB/OL］.（2021-07-05）［2022-08-11］. https://educa-tion.ec.europa.eu/focus-topics/digital-education/about/digital-education-action-plan/digital-education-hub.

理组织，举办培训课程，为学生提供相匹配的数字技能培训认证和工作实习机会。①

（四）发展贯通教育，培养数智创新人才

欧盟注重推动教育全过程数字化转型，针对学生个体成长的不同阶段特点，因材施教，贯通培养数字化人才。

在基础教育阶段，欧盟重视夯实基本的数字素养，培养"数字原住民"的关键能力。根据《欧盟 2020 战略》要求，爱尔兰、德国、比利时、葡萄牙和波兰等 21 个成员国将计算机编程列为小学必修课程，一半以上的欧盟国家在中学阶段将信息学、计算机科学等课程作为必修课。其中，2016 年，德国联邦教育及研究部部长约翰娜·万卡（Johanna Wanka）宣布实施"数字知识社会的教育攻势"战略，推动 850 所德国中学、职业学校同数字企业、行业协会等合作，开设专门课程，讲授计算机编程、互联网安全使用和数据保护、网络暴力识别与预防等内容，并教学生在真实场景中批判、独立和创造性地使用数字媒体，以加深他们对技术的理解。②

在职业教育阶段，欧盟倡导数字化赋能职业教育和培训，注重技能型数字化人才培养。欧盟及各成员国主张职业教育和培训与企业实训同等重要，推行学校、企业紧密结合并联合开展职业教育和培训的"双元制"人才培养体系，共同制订教学和培训计划；通过数字化平台促进教育链、人才链、创新链和产业链协同发展，促进社会就业和市场竞争力提升。2016 年，根据《欧洲新技能议程》，欧盟将修习数字化相关课程和实训所获得的学分和证书纳入欧洲学分转换系统和欧洲资格证书框架体系中，进一步激发职业教育数字化活力。

在普通高等教育领域，欧盟积极推进数字化转型，出台《欧洲大学战

---

① EUROPEAN COMMISSION. Digital Skills and Jobs Coalition［EB/OL］.（2022–06–07）［2022–08–16］. https://digital–strategy.ec.europa.eu/en/policies/digital–skills–coalition.
② 杜海坤，李建民. 从欧盟经验看数字人才培养［J］. 中国高等教育，2018（22）：61–62.

略》，加强数字教育合作，增强数字时代欧盟各高校的竞争力。欧盟在《数字教育行动计划（2018—2020）》《数字教育行动计划（2021—2027）》《人工智能白皮书》等文件中多次提出从"地平线欧洲"2020年计划中划拨专项经费，支持欧洲大学设立教育数字化学位，开设人工智能、数据分析、软件开发和网络安全等相关课程，支持大学生进行数字化实习实训；同时，加强基础设施建设，普及数字化教育理念，开展"数字化技能大赛""欧洲编程周"等活动，加强支撑数字化转型的数字技能培养，构建高质量、高绩效和包容性的数字教育生态系统。

三、欧盟教育数字化转型对我国的启示

经过长期努力，我国教育信息化实现了跨越式发展，取得了显著成效，国家数字教育资源公共服务体系日益完善，教育资源开放共享程度不断提高，基础设施和信息平台不断完善，数字资源高质量建设不断推进。当前，我国正实施教育数字化战略行动，以数字化带动教育转型升级还面临一些挑战，主要表现为以下几个方面。第一，部分教育组织存在数字化转型战略缺位的现象，未能在教育理念、组织形态、大学制度、学习方式等领域开展战略性、结构性的数字化变革，导致对数字化转型的探索呈现出碎片化状态，缺乏整体性、系统性和方向性。第二，公民数字鸿沟客观存在，终身教育体系中数字能力教育相对缺位，全民信息素养和数字能力亟待提升。第三，高校产学研未能充分融合，人才培养与企业数字化需求匹配度不高，毕业生数字化实践能力不足，加剧了人才供需不平衡，等等。因而，在我国推进教育数字化转型过程中，有必要与其他发达经济体互学共鉴。从欧盟经验看，教育数字化改革是主动适应新一轮科技革命趋势、从数字社会角度重新思考和探索人才培养理念与教学实践的过程。欧盟在战略层面进行全面规划，系统培育数字化意识和能力，建立了一个包容、公平、绿色和高质量的数字化教育体系，可以给我国带来几点启示。

（一）加快顶层设计，构建数字化教育体系

2022 年 1 月，国务院印发《"十四五"数字经济发展规划》，提出深入推进智慧教育；全国教育工作会议提出实施国家教育数字化战略行动。党的二十大报告再次强调要推进教育数字化。面对社会数字化、网络化、智能化变革，我国教育数字化转型已经迫在眉睫，应进一步落实落细顶层设计，着眼培育"数字原住民"、智慧工匠和创新人才等，全面启动国家教育数字化战略行动，尽快出台促进基础教育、高等教育、职业教育和终身教育的相关政策文件，推动教育全过程、全要素、全链条的数字化改革和转型，逐步建立和完善涵盖教育理念、标准、方法、资源和评价等在内的中国特色教育数字化新体系。

（二）培育数智能力，分类培养数字化人才

数字化能力是当今时代的社会生存与发展能力。培育数字化能力是教育数字化的核心目标。欧盟的《公民数字化能力框架》针对数字化能力进行了定义和分类，并注重分阶段、贯通式培育数字化能力。该框架在基础教育阶段引导学生形成正确的价值观、道德观、法治观，遵循数字伦理规范；在职业教育阶段注重培养数字化创新素养以及保护自我安全和解决问题等能力；在普通高等教育阶段注重培养 ICT、人工智能、大数据等前沿领域的创新型人才。我国应根据数字化能力形成的渐进性、交叉性等特点，结合中国国情，针对不同阶段的学生特点，构建符合时代特征的数字化能力框架，并完善评价机制，以促进教育数字化转型。

（三）构建教育生态，完善数字化治理体系

教育数字化转型要求统筹运用数字化技术、思维和认知，重塑和改造教育治理，系统性变革教育教学体系，构建多方协同共治的教育生态。这种生态包含两个层面。一是对教育系统自身的生态进行智能升级。利用现代信息技术，变革传统的教学和评价方式，打造智慧学习环境，构建智慧教育以适应学

习者的多元化和个性化要求，建设优质学习体验、高内容适配性和高教学效率的教育系统。二是完善教育治理的体制机制。教育数字化转型要建立多部门协同工作的体制机制，从政策上充分发挥利益相关者的积极性和主动性，多方协同参与数字化建设，尤其要鼓励数字化行业协会、企业与学校共同参与制定教育标准，更新教育内容与方式，培养数字化应用人才，推进高性能数字化教育系统建设。

（四）促进产学研融合，加快培育复合型创新人才

数字经济跨越多领域、多学科，具有创新度高、技术迭代快等特点。这对创新人才培养提出了更高要求，既要求聚焦特定的前沿领域，将数字技能与专业技能充分融合，加快数字技术的落地转化；又要求教育者具备优秀的管理能力、缜密的思维能力和创新能力，助推数字化转型和高质量发展。这就需要教育主管部门和高校在人才培养过程中打破传统学科壁垒，优化学科布局，注重学科交叉和跨界融合，加强数字经济与传统学科的优势互补与相互促进，在人工智能、网络通信、数据科学、金融科技、区块链、云计算和新材料等前瞻性战略性领域着力突破，培养具有深厚经济素养、数字素养和管理素养的复合型创新人才；同时，推进产学研合作，依托企业数字化平台，为高校学科发展与人才培养提供前沿的数字化资源和匹配市场的实操机会，协同培养人工智能等相关领域人才。

（五）开展国际合作，促进人才国际交流

中国高度重视数字经济国际合作，提出促进数字时代互联互通的倡议。作为数字经济发展的重要支撑，数字化人才培养也须加强对外交流与合作。一方面，支持与国际知名高校、科研机构和数字企业协同合作，推进融合创新。支持国内高校与世界知名高校在数字经济领域开展中外合作办学和国际交流合作，引入数字经济领域的前沿课程，加大对选派学生学者前往世界一流大学进行学习交流的支持力度，形成良性的交流运行机制。另一方面，鼓励各高校

建立并依托数字经济相关专业，招收海外留学生，开设海外"云课堂"，依托"留学中国"品牌打造"数字中国"来华留学重点项目和精品工程，输出中国数字经济和数字教育的优秀范本和典型案例。

｛原文刊载：张地珂，车伟民. 欧盟教育数字化转型：政策演进、关键举措及启示研究［J］. 国家教育行政学院学报，2022（12）：64-71.｝

［作者简介：张地珂，中国地质大学（武汉）外国语学院副教授；车伟民，中国驻欧盟使团教育文化处原公使衔参赞］

欧盟绿色可持续教育：动因、本质内涵与特征方向

2019 年 12 月，新一届欧盟委员会发布《欧洲绿色协议》(European Green Deal)，提出到 2050 年在全球范围内率先实现碳中和，发出了强烈的绿色低碳转型信号，引起了世界各国高度关注，亦称绿色新政。欧盟绿色新政是新一届欧盟委员会执政纲领的重要内容，其出台的重要起因是全球气候变化问题，而落脚点则在于推动欧盟经济社会可持续发展。经济的可持续发展客观上要求教育转型，在人才培养和科学研究等方面提供动力支撑。为此，欧盟将绿色可持续教育作为未来几年的优先事项，相继出台了《欧洲技能议程：促进可持续竞争力、社会公平和抗逆力》(The European Skills Agenda for Sustainable Competitiveness, Social Fairness and Resilience)、《关于欧洲绿色协议的大学愿景》(University Vision for the European Green Deal)、《关于绿色转型与可持续发展学习的理事会建议提案》(Proposal for a Council Recommendation on Learning for the Green Transition and Sustainable Development)，发布《欧洲可持续性能力框架》(The European Sustainability Competence Framework) 等政策文件，推动重塑绿色可持续教育理念，搭建绿色转型平台，构建绿色可持续教育体系。

一、欧盟提出绿色可持续教育的动因

（一）生态环境恶化带来的现实需求

近几十年来，极端高温、冰川崩塌等日益严峻的环境和气候问题不断催促着人类采取实际有效的行动来保护生存环境。《2030 面向可持续发展的欧洲》（Towards a Sustainable Europe by 2030）指出，欧盟可持续发展最严重的赤字和最大的挑战是生态债务，过度使用和消耗自然资源严重威胁到了子孙后代发展的需求。为了让所有人都有一个更美好的未来，需要一种全新的可持续发展形式，作为欧盟 2019—2024 年发展的优先事项，《欧洲绿色协议》随之发布，欧盟由此开始实施绿色新政，所有 27 个欧盟成员国承诺到 2050 年将欧盟变成第一个碳中和的大陆。[①] 之后，聚焦可持续发展产品的《循环经济行动计划》（Circular Economy Action Plan）、致力于修复人与自然破裂关系的《欧盟 2030 生物多样性战略》（EU Biodiversity Strategy 2030 ）等相关文件作为绿色新政的配套政策也相继出台。[②] 2020 年 12 月，欧盟领导人同意了欧盟委员会提出的到 2030 年将净排放量减少至少 55% 的目标，该目标也被写进新的气候法并于 2021 年 6 月生效。为了实现碳中和的气候行动目标，向着更公平、更绿色的经济和社会转型，欧盟委员会将绿色可持续教育作为未来几年的优先事项，推动成员国将绿色低碳和可持续发展的理念纳入学术和职业课程，使每一个学习者都能重视地球环境并采取行动保护地球。

（二）社会转型时期国际社会的普遍共识

环境的可持续发展一直是时代发展的重要命题。当前人类社会正处于重要的转型时期，国际社会也不得不在社会变革之时重新思考教育和人类社会

---

① EUROPEAN COMMISSION. Delivering the European Green Deal［EB/OL］.（2021–07–14）［2022–08–21］. https://ec.europa.eu/info/strategy/priorities–2019–2024/european–green–deal/delivering–european–green–deal_en.
② EUROPEAN COMMISSION. Delivering the European Green Deal［EB/OL］.（2021–07–14）［2022–08–21］. https://ec.europa.eu/info/strategy/priorities–2019–2024/european–green–deal/delivering–european–green–deal_en.

的未来。其中，将教育与发展问题相联系的"可持续发展教育"（Education for Sustainable Development）理念在国际社会中由来已久。1992 年，联合国《21 世纪议程》（Agenda 21）就指出，"教育是促进可持续发展和提高人们解决环境与发展问题能力的关键"[1]。同时，联合国教科文组织也致力于在全球推广可持续发展教育，并先后启动了两个可持续发展教育计划。[2] 2015 年 9 月，欧盟和其他各国在联合国大会上一致签署了《2030 年可持续发展议程》（Transforming Our World：The 2030 Agenda for Sustainable Development）及其 17 个可持续发展目标（Sustainable Development Goals），其中包括了教育和终身学习方面的可持续目标："到 2030 年，确保所有学习者获得促进可持续发展所需的知识和技能。"[3] 教育是社会绿色转型过程中重要的推动因素。为了实现这些发展目标以顺利向绿色低碳、气候中和、资源节约和生物多样的社会过渡，作为实施绿色新政的纲领性文件，《欧洲绿色协议》也明确提出要增强教育和培训领域的活力，制定一个欧洲绿色能力框架，以便于发展和评估有关气候和环境可持续发展的能力素养。

（三）经济增长与转型的客观要求

欧盟将环境和气候的全球挑战视为经济发展的机遇，2000—2015 年，欧盟环境部门的就业增速快于整体经济，低碳技术也正在成为一种主要的贸易商品，欧盟从巨大的贸易顺差中受益。[4] 继而在《欧洲绿色协议》的框架下，欧盟委员会还出台了《欧盟氢能战略》（EU Hydrogen Strategy）等一揽子的政策

---

[1] UNCED.Agenda 21 ［R］. Rio de Janerio：United Nations Conference on Environment & Development，1992：320.

[2] 联合国经济和社会事务部. 教育相关可持续发展目标［EB/OL］.（2014–06–17）［2022–08–20］. https://sdgs.un.org/zh/topics/education.

[3] UN.Transforming Our World：The 2030 Agenda for Sustainable Development［EB/OL］.（2015–10–15）［2022–09–20］. https://sustainabledevelopment.un.org/content/documents/21252030%20Agenda%20for%20Sustainable%20Development%20web.pdf.

[4] EUROPEAN COMMISSION. Towards a Sustainable Europe by 2030：Reflection Paper［R］. Luxembourg：Publications Office of the European Union，2019：14.

和行动计划，激励各成员国把握碳中和的发展转型带来的发展机遇，在相关领域创造新的就业机会，进一步刺激欧盟在后疫情时代的经济复苏。① 为了增强欧盟经济体的绿色低碳竞争力，使其经济增长与资源利用脱钩，需要高水平的专业人员来支撑欧洲经济的绿色转型，实现其"在地球生态极限内生活得更好"的可持续发展愿景。因此，在强调环境和资源可持续发展的政策背景之下，欧盟新的经济增长战略也要求教育和培训领域做出相应的变革，让绿色可持续的理念与教育培训领域的融合紧贴经济转型的需要，适应新兴绿色职业的要求，从而增强学习者的绿色技能和素养，为现代经济的绿色可持续发展做出贡献。

二、欧盟绿色可持续教育的内涵和目标

（一）绿色可持续教育的内涵

1. 绿色转型

绿色转型（green transition）是《欧洲绿色协议》中提出的行动目标，即"运用新的增长战略，有效应对气候和环境挑战，将欧盟转变成现代化、富有竞争力和高效利用资源的经济体，并且确保欧盟到 2050 年实现温室气体净排放为零，经济增长与资源利用脱钩，同时不让任何一个人和地区掉队"②。除此之外，协议还包括生物多样性、清洁能源、高效运输、食品安全、循环经济等方面的内容。因此，绿色转型不仅仅局限于应对气候变化问题，还关注社会的可持续发展。

2. 绿色可持续教育

在实现新的发展目标的过程中，教育、科学、技术、研究和创新是可持

---

① EUROPEAN COMMISSION. Powering a Climate–Neutral Economy: Commission Sets Out Plans for the Energy System of the Future and Clean Hydrogen［EB/OL］.（2020–07–08）［2022–08–23］. https://ec.europa.eu/commission/presscorner/detail/en/ip_20_1259.
② EUROPEAN COMMISSION. The European Green Deal［EB/OL］.（2021–11–21）［2022–11–23］. https://ec.europa.eu/info/strategy/priorities–2019–2024/european–green–deal_en.

续经济的重要条件。欧盟顺势而为。欧盟委员会向欧盟理事会提交了《关于环境可持续性学习的理事会建议》（Proposal for a Council Recommendation on Learning for Environmental Sustainability），欧盟理事会于 2022 年 5 月在此基础上出台了《关于绿色转型与可持续发展学习的理事会建议提案》，启动了绿色可持续教育行动（green education initiatives）[1]，鼓励教育和培训领域采取行动为绿色转型做出贡献，加强所有学习者的可持续性能力（sustainability competences）。[2] 另一方面，《欧洲可持续性能力框架》也明确指出：要加强学习者的可持续性能力；绿色可持续教育的核心原则就是环境可持续性学习（learning for environmental sustainability），它旨在培养从儿童到成人的可持续发展思维，即了解人类是自然的一部分并依赖于自然，同时还让学习者能够掌握一定的知识、技能和态度，以助于他们成为变革的推动者，为塑造地球生态极限内的未来做出个人和集体的贡献。[3] 从学习主体来看，它支持所有年龄段的学习者；从学习内容来看，它包括人类目前面临的相互关联的全球挑战，包括气候危机、环境退化和生物多样性丧失等具有环境、社会、经济和文化多个层面意义的全球问题；从学习目的来看，它支持学习者获得可持续生活所需的知识、技能和态度，培养劳动力市场中日益需要的技能和能力，在不断变化的消费和生产模式中拥抱更健康的生活方式，为可持续发展的经济和社会做出个人和集体的贡献。因此，绿色可持续教育不仅关注人与自然，还关注人类代际之间、个体长远发展过程中与自然的和谐相处，强调了培养绿色可持续性能力和思维的长期性，成为欧盟提升公民可持续性能力、推进社会绿色转型的基础。

① EUROPEAN COMMISSION. Green Education Initiatives [EB/OL]. (2022-12-10) [2022-12-10]. https://education.ec.europa.eu/focus-topics/green-education/about.
② COUNCIL OF THE EUROPEAN UNION. Proposal for a Council Recommendation on Learning for Environmental Sustainability-Adoption [EB/OL]. (2022-05-25) [2022-08-25]. https://data.consilium.europa.eu/doc/document/ST-9242-2022-INIT/en/pdf.
③ EUROPEAN COMMISSION JOINT RESEARCH CENTRE. GreenComp：The European Sustainability Competence Framework [R]. Luxembourg：Publications Office of the European Union，2022：3-15.

（二）绿色可持续教育行动的目标

欧盟委员会提交的建议中指出，在实施绿色新政的背景下，绿色可持续教育有三个目的：①为学习者和教育工作者提供关于绿色转型的知识、技能和态度，即发展公民的可持续性能力；②支持教育和培训机构将可持续性纳入教学和运营的各个方面；③就绿色转型所需的教育和培训的深刻变革达成共识。[①] 由此可见，欧盟的绿色可持续教育的目标是通过一种整体性的方法来改变个人、机构和组织，其政策旨在通过对学习者可持续性能力的培养与训练，为劳动力市场培育一套核心的绿色技能，以创造一代具有环保意识和健康意识的专业人员和绿色经济经营者。

三、欧盟推进绿色可持续教育的重要举措

为了充分发挥绿色可持续教育的潜力，欧盟从完善顶层设计、制定能力框架、提供专项资金、搭建合作平台、加强科研创新五大方面制定了重要举措。

（一）完善顶层设计，系统规划实施路径

在博洛尼亚进程中，欧洲教育一体化建设不断深入。欧盟教育政策不仅可以为欧盟及其成员国的教育发展提出明确目标，还能够从全局出发，系统地对教育改革与发展进行统筹规划。但是，欧盟委员会教育、青年、体育和文化总局（European Commission Directorate-General for Education, Youth, Sport and Culture）发布的调查报告《环境可持续性教育：欧盟成员国的政策和方法的执行摘要》（Education for Environmental Sustainability：Policies and Approaches in European Union Member States：Executive Summary）显示，尽管欧洲的早期教育、中小学校、职业教育和培训、高等教育和社区组织中，也在越来越多地开

---

① EUROPEAN COMMISSION. Proposal for a Council Recommendation on Learning for Environmental Sustainability［EB/OL］.（2022–01–14）［2022–08–31］. https://eur-lex.europa.eu/legal-content/EN/TXT/PDF/?uri=CELEX：52022DC0011&from=EN.

展关于气候变化、生物多样性和可持续发展的行动或发出有关倡议，环境可持续性学习却未成为欧盟政策和实践的一个系统性特征。① 基于此，欧盟在《欧洲绿色协议》的大框架下制定了一揽子配套政策和行动计划，将环境可持续性纳入欧盟政策并使其成为主流，力图运用欧盟的集体能力来改变经济和社会。

一方面，为了促进各成员国将绿色转型和环境可持续性学习作为教育和培训领域的优先事项，欧盟理事会最终出台的提案为欧盟各成员国提供了在教育和培训的各个阶段支持绿色转型和环境可持续发展的学与教的实践指南。具体而言，该提案呼吁各成员国：①为所有学习者提供机会，让他们在正规教育和非正规教育中都能了解气候危机和可持续发展；②动员各国和欧盟基金投资绿色和可持续的设备、资源和基础设施；③支持教育工作者发展自己的知识和技能，以教授气候危机和可持续性相关内容，包括化解学生的生态焦虑；④为可持续性营造支持性的学习环境，包括教育机构的所有活动和运营；⑤让学生和教职员工、地方当局、青年组织、研究机构和创新社区积极参与可持续性学习。② 这份提案不仅从系统性层面给成员国提出建议，还呼吁为学习者、教育工作者、教育和培训机构分别提供支持性措施，推动他们将环境可持续性融入教育和培训领域，以实现社会的绿色转型和变革。

另一方面，欧盟其他教育和培训计划与绿色可持续教育行动具有互补和协同作用，所以欧盟还推动其他教育议程将环境可持续发展的学习和教学纳入未来的发展计划。从终身角度将绿色转型有关的政策系统地纳入教育和培训中，有利于丰富终身教育领域关键能力的相关实践，推动终身学习政策向更深处扩散。在数字教育行动计划中，绿色可持续教育不仅有助于数字技术成为绿色转型的强大推动力，还有助于促进数字产品的开发和使用面向可持续发展。欧盟通过欧盟委员会、欧盟理事会等机构和部门发布的建议、提案等文件，再

① EUROPEAN COMMISSION DIRECTORATE-GENERAL FOR EDUCATION，YOUTH，SPORT AND CULTURE. Education for Environmental Sustainability：Policies and Approaches in European Union Member States：Executive Summary［R］. Luxembourg：Publications Office of the European Union，2022：6.
② EUROPEAN COMMISSION. The European Green Deal［EB/OL］.（2022-12-11）［2022-08-29］. https://eur-lex.europa.eu/legal-content/EN/TXT/HTML/?uri=CELEX: 52019DC0640&from=MT.

加上其本身的影响力、专业知识和财政资源，无论从纵向上还是横向上，都能够串联起正在实施的和即将实施的政策和计划，对绿色可持续教育的行动路径进行系统布局，构建欧洲系统化的绿色可持续教育体系。

（二）制定能力框架，全面提升绿色技能

经过反复论证并最终达成共识的能力框架一直是欧盟发展学生能力和评估教育成效的科学性工具，也是欧盟推进教育政策落实的重要手段。制定欧洲可持续性能力框架、提高青年一代在绿色经济中的就业能力，是《欧洲绿色协议》进程中制定的政策行动之一。按照这一政治方向，欧盟委员会发表了题为《欧洲技能议程：促进可持续竞争力、社会公平和抗逆力》和《2025 年欧洲教育区》（European Education Area by 2025）的政策文件，强调了制定《欧洲可持续性能力框架》，通过提升公民绿色技能来促进欧盟绿色可持续教育行动落实的必要性。[①]

《欧洲可持续性能力框架》的制定集合了众多专家和利益相关者的建议和共识，鼓励各成员国在推动绿色可持续教育行动时利用这个共同框架作为参考。如表 1 所示，《欧洲可持续性能力框架》包含 4 个领域，共 12 种能力。值得注意的是，这 4 个能力领域是紧密相关的，同时 12 个小项的能力也是同等重要且相互关联的，应被视为一个整体。虽然欧盟鼓励学习者获得这 12 种能力，但学习者不需要对所有这 12 种能力都获得最高水平的熟练程度，也不是说所有人都必须拥有相同的熟练程度。[②]欧盟的目标是在欧洲层面上提供一个关于可持续性能力的框架，作为指导教育者和学习者的共同基础，支持所有的教育者和学习者将环境可持续发展的主题嵌入所有教育系统和课程中，使教育与可持续性交织在一起。首先，《欧洲可持续性能力框架》的确定能够支持欧

① EUROPEAN COMMISSION JOINT RESEARCH CENTRE. GreenComp：The European Sustainability Competence Framework［R］. Luxembourg：Publications Office of the European Union，2022：3-15.
② EUROPEAN COMMISSION JOINT RESEARCH CENTRE. GreenComp：The European Sustainability Competence Framework［R］. Luxembourg：Publications Office of the European Union，2022：3-15.

盟终身学习的教育和培训方案，为欧盟及其成员国提供关于公民可持续性能力的规范性与可操作性解读，为不同的利益相关者厘清可持续性能力定义、界定可持续性能力范围、实施可持续性能力发展项目提供坚实的理论基础和丰富的实践范例。其次，《欧洲可持续性能力框架》为教育者提供了一个系统性的参考框架，可以被用来设计培养学生可持续性能力的学习资料、学习内容和教学方法等。最后，它还为每一个参与终身学习的人提供了共同基础，帮助学习者成为系统性和批判性的思想者，帮助关心全球生态环境的人获得相关的知识基础，培养环境可持续发展的意识和态度，进而提升自身的绿色素养，在关心地球可持续发展的同时以同情心和责任心来思考、计划和采取行动。

表 1 《欧洲可持续性能力框架》包含的几种能力

领域	能力	具体描述
1. 体现可持续性的价值观	1.1 评估可持续性	反思个人价值；确定并解释价值观如何因人而异、随时间而变，同时批判性地评估它们如何与可持续性价值观保持一致
	1.2 支持公平	支持当代和后代的公平和正义，并向前辈学习可持续性
	1.3 尊重自然	承认人类是自然的一部分；尊重其他物种和自然本身的需求和权利，以恢复和再生健康、有复原力的生态系统
2. 拥抱可持续性中的复杂性	2.1 系统思维	从各方面着手解决可持续性问题；考虑时间、空间和环境，以理解系统内部和系统之间的元素如何相互作用
	2.2 批判性思维	评估信息和论点，确定假设，挑战现状，反思个人、社会和文化背景如何影响思考和结论
	2.3 问题框架	从难度、参与人员、时间和地理范围等方面将当前或潜在的挑战作为可持续性问题进行阐述，以确定预测和预防潜在问题以及解决现有问题的适当方法
3. 设想可持续的未来	3.1 未来素养	通过想象和开发替代方案并确定实现可持续未来所需的首选步骤，来设想可替代的可持续未来
	3.2 适应性	在复杂的可持续性环境中做好转型并应对挑战，在面临不确定性、模糊性和风险时做出与未来相关的决策
	3.3 探索性思维	通过探索和结合不同的学科，使用创造性的、实验性的方法与新颖的想法，来培养关系式思维

续表

领域	能力	具体描述
4. 为可持续性而行动	4.1 政治代理	为了驾驭政治体系，确定不可持续行为的政治责任和问责制，并要求制定有效的可持续性政策
	4.2 集体行动	与他人合作，为变革而行动
	4.3 个人主动性	确定自身的可持续性潜力，并积极为改善社区和地球的前景做出贡献

资料来源：EUROPEAN COMMISSION JOINT RESEARCH CENTRE. GreenComp: The European Sustainability Competence Framework［R］. Luxembourg: Publications Office of the European Union，2022：14–15.

（三）提供专项资金，充分保障行动落实

教育和培训领域的改革需要资金的流入来提供基础性保障。在资金机制方面，为了实现《欧洲绿色协议》中的政策目标，欧盟计划在未来十年内调动约 1 万亿欧元的可持续性投资用于绿色转型，主要包括欧盟预算、各成员国的配套资金及其带动的私营部门资金。① 其中，"伊拉斯谟＋计划"是欧盟未来几年发展绿色可持续教育、促进环境可持续性学习的重要资助体系。在绿色新政的背景下，"环境与应对气候变化"（Environment and Fight against Climate Change）也成为 2021—2027 年新的 "伊拉斯谟＋计划" 的四个首要优先事项之一。自 2014 年以来，"伊拉斯谟＋计划" 支持了 5000 多个项目，直接关注到各个教育部门的环境可持续性。② 这些受到资助的项目通过在非正规和正规教育中开创新的学习方法，教授可持续性问题和气候变化相关内容，为欧洲的气候行动做出了重要贡献。比如，"CYCLE 循环经济竞争力"（CYCLE: Circular Economy Competences）项目创建了一套学习工具，使非职业成人培训师（Non-Vocational Adult Trainers，NVATs）能够将循环经济能力引入成人教

---

① EUROPEAN COMMISSION. Finance and the Green Deal［EB/OL］.（2022–11–02）［2022–11–25］. https://ec.europa.eu/info/strategy/priorities–2019–2024/european–green–deal/finance–and–green–deal_en.
② EUROPEAN COMMISSION DIRECTORATE-GENERAL FOR EDUCATION，YOUTH，SPORT AND CULTURE. Data Collection and Analysis of Erasmus+ Projects，Focus on Education for Environmental Sustainability Final Report［R］. Luxembourg: Publications Office of the European Union，2022：12.

育，以提高公众认识，促进基于人力资本开发的知识社会建设，从而支持循环经济的发展。另外，随着网络技术的发展，互联网应用程序也成为推广绿色可持续教育、增强公民可持续性能力的一种重要工具。在"伊拉斯谟＋计划"和"通过游戏促进绿色技能"（Promoting Green Skills through Games）子项目的支持下，《潘吉保护地球》（Penji Protects the Planet）这款互动游戏应运而生。该游戏采用基于目标的学习（Goal-Based Learning，GBL）方法，作为翻转课堂的一部分，可以让中小学生了解环境和气候问题。同时，该游戏的创新之处在于，其后端允许教师根据不同的学习者和特定的主题调整游戏的级别，游戏中的链接和提示也指向课堂内外的倡议，有助于改善当地的环境可持续性。[①]

另一方面，为了保证弱势群体和弱势地区也能够顺利完成绿色转型而不掉队，欧盟还设立了"公正转型基金"（Just Transition Fund），加强教育培训，提高民众再就业能力，支持绿色发展相对落后的地区转型。总体而言，该基金致力于降低气候变化引发的社会经济成本，支持相关地区经济转型和多样化；具体而言，不仅将支持中小企业的创建、发展、研究和创新，还支持工人的技能提升和再培训，提供求职援助。预计它将动员近 300 亿欧元的投资。[②] 任何社会变革和经济转型都不是一蹴而就的，转型过程中涉及一系列复杂的系统性问题，其中一大问题就是公平公正问题。"公正转型基金"的设立突出了欧盟在促进气候目标实现的同时，也强调劳动力公正转型的实现，即"不让任何一个人掉队"。

因此，有了专项资金的投入，欧盟推广和促进绿色可持续教育行动的项目就获得了基本充分的保障和支持，不仅能够面向未来，关注学习者就业前的知识增长和技能提升，还能够为进入劳动力市场的公民提供就业保障，使他们

---

① EUROPEAN COMMISSION. Promoting Green Skills through Games［EB/OL］.（2022–09–04）［2022–09–04］. https:// erasmus–plus.ec.europa.eu/projects/priorities–2019–2024/european–green–deal/promoting–green–skills– through–games?.

② EUROPEAN COMMISSION. Just Transition Funding Sources［EB/OL］.（2022–11–26）［2022–11–26］. https://ec.europa.eu/info/strategy/priorities–2019–2024/european–green–deal/finance–and–green–deal/just–transition– mechanism/just– transition–funding–sources_en.

成为绿色理念的践行者，成为推动社会变革和可持续发展的参与者。

（四）搭建合作平台，多元发挥主体力量

合作平台是促进各方交流互鉴的重要载体。第一，欧盟委员会将处于教育一线的教师和学生及他们的学校组成了参与式网络社区——气候教育联盟（Education for Climate Coalition），促进各个参与者积极合作，对可持续教育的解决方案进行创新。正如该社区成立和组建时发表的宣言那样，气候教育联盟提供了一个交流的平台，致力于激发、发展和利用欧洲教育的创新能力，促进参与者集体决策、协作行动并可持续地适应。[1]从参与者来看，它汇集了各级各类机构的教育工作者、学生、培训师和家长，涵盖了从幼儿保育到成人学习、从博物馆到工业部门等活跃于教育系统各个部分的专家和学者，它还可以邀请到当地的或其他地区、国家的教育利益相关者一同参与进来；从参与方式来看，作为一个具有包容性和创造力的社区，气候教育联盟最大的特点就是互动性强，参与者可以在社区通过推广自己的绿色可持续教育理念，寻找志同道合的人共同设计和探索，或补充现有的解决方案。第二，在线学习平台的投入也能够为欧盟的教育工作者和政策制定者提供合作渠道。欧洲学校教育平台（European School Education Platform，ESEP）是欧盟官方认证的线上学习平台，为教育工作者和政策制定者提供了丰富的资源，包括全校可持续行动相关的在线课程。ESEP用户不仅可以与欧盟学院合作，利用免费在线课程、网络研讨会和教材等专业资源来提升自己，还可以与欧洲其他经过认证的学校员工进行互动、协作并开发绿色可持续教育项目。第三，资源整合与共享平台的运行也能够为各方主体力量参与绿色可持续教育行动做出贡献。《潘吉保护地球》这款应用程序项目开发的多个在线平台容纳了所有开发资源，除了教师可以运用这一系列成果和教学资源，其他感兴趣的学习者、培训师、研究机构等也能获得并利用该项目网站提供的资源，以一种更加便捷有效和生动活泼的方式提升

---

[1] EUROPEAN COMMISSION. Education for Climate Coalition[EB/OL].（2022-03-29）[2022-09-09]. https://education-for-climate.ec.europa.eu/_en.

绿色技能。

成立专门工作组，制订环境可持续性学习的工作计划，也是欧盟推动各方合作参与绿色可持续教育的重要途径。工作组成员除了欧盟成员国和其他参与国任命的政府官员，还有来自相关组织和社会合作伙伴的一些代表。其工作内容的重点在于分享有关国家的教育政策改革方面的信息，作为相互学习的一部分，促进整个欧盟发生积极变化。其中环境可持续性学习工作组的主要任务是支持欧盟理事会绿色可持续教育提案的后续行动，促进相互学习和交流，探讨教育如何支持欧洲向更绿色、更可持续迈进。专门工作组成立至今，已经成功召开了两次工作会议。第一次会议就学校教育工作者和领导团队的绿色可持续教育培训、年轻人参与可持续发展行动达成了共识[①]；第二次会议作为世界环境教育大会的一部分，介绍了欧盟关于环境可持续性学习的政策格局，指出欧盟的环境教育工作重点在于具备良好政策的构成要素以及确保将其有效转化并实施。[②]事实上，欧盟在积极解决"谁来推动绿色可持续教育"的问题时，也不放弃解决的另一个问题是"用什么方式推动绿色可持续教育"。参与绿色可持续教育行动的工作者绝不仅仅是将气候、环境相关的内容融入自己的教育领域和课堂，各方主体之间共同制订可持续发展的解决方案、促进各个机构和地区在绿色转型中协同发展等问题，依旧是欧盟当前正在探索的重要领域。

（五）加强科研创新，优化转型支撑体系

由于绿色新政提出的任务和目标从整体上聚焦于环境、经济、能源及社会等多方面的可持续发展问题，所以绿色新政的实施离不开各个领域在重要问题上的研究与创新。这就意味着科学研究领域不仅需要应对自然环境的挑战，

---

① EUROPEAN COMMISSION. Register of Commission Expert Groups and Other Similar Entities［EB/OL］.（2022-09-22）［2022-09-22］. https://ec.europa.eu/transparency/expert-groups-register/screen/meetings/consult?lang=en&meetingId=40514&fromExpertGroups=true.

② EUROPEAN COMMISSION. Register of Commission Expert Groups and Other Similar Entities［EB/OL］.（2022-09-22）［2022-09-22］. https://ec.europa.eu/transparency/expert-groups-register/screen/meetings/consult?lang=en&meetingId=40514&fromExpertGroups=true.

而且要整合各级各类研究机构和组织人员的专业优势来共同解决难题，强化专业机构的支撑。欧洲创新与技术研究所（The European Institute of Innovation and Technology，EIT）通过将商业、教育和研究机构聚集起来，加强欧盟及其成员国的创新能力，寻找解决方案，为可持续的经济增长和竞争力做出贡献，以应对欧盟当前所面临的全球挑战。EIT 同时还启动了一些知识和创新社区。在绿色新政的背景之下，来自商业、教育和研究领域的 2900 多名合作伙伴组成的社区共同应对与可持续发展相关的重大社会问题，包括气候、能源、卫生以及制造业等方面问题。①

由于环境可持续性学习具有学科交叉的性质，欧盟大学的专业和学科体系的融合也得到了深入发展，建立起了与绿色转型相适应的、具有专业交叉融合优势的人才支撑体系，学习者可以用跨学科的方式理解经济、社会和自然系统之间的相互联系。以隆德大学的环境研究与可持续发展国际硕士课程为例，该课程不仅结合社会和自然科学视角，重点关注从当地到全球层面的可持续发展挑战，还为学习者提供实践机会，在现实世界中与市政当局、企业和第三部门组织等进行互动，参与促进可持续发展的项目。② 目前该课程的研究计划主要包含"气候变化与复原力""土地使用、治理与发展""城市治理与转型""能源公正和能源系统的可持续性""生物多样性与自然资源管理"五个主题。这五个主题的研究在共同的方法论和评估工具的指导下，有助于学习者和研究者利用多领域知识解决综合性的可持续发展问题。

另外，欧盟也非常重视通过制定规则来约束科研人员和机构的行为，督促他们将环境因素和可持续发展问题纳入科研项目的考虑范围。"玛丽·斯克沃多夫斯卡 – 居里行动"（Marie Skłodowska-Curie Actions，MSCA）是欧盟科研人才培养的主要项目。继欧盟委员会承诺应对气候和环境的相关挑战之

---

① THE EUROPEAN INSTITUTE OF INNOVATION AND TECHNOLOGY. EIT at Aglance［EB/OL］.（2022–07–29）［2022–09–12］. https://eit.europa.eu/who–we–are/eit–glance.
② LUND UNIVERSITY. 2019 Knowledge to Action Projects［EB/OL］.（2019–09–26）［2022–09–13］. https://www.lumes.lu.se/article/2019–knowledge–action–projects.

后，MSCA 也对欧盟委员会的建议做出了回应，发布了《MSCA 绿色宪章》（MSCA Green Charter），为 MSCA 的所有受资助的研究人员、机构、共同体制定了一系列的行为准则和一般原则，促进他们将环境因素纳入科研项目实施的各个方面，从而支持《欧洲绿色协议》的落实和联合国可持续发展目标的实现。[①] 而且，欧盟委员会还根据高等教育机构在可持续发展方面的专家意见选择了一些做法范例，汇编成指导材料，作为《MSCA 绿色宪章》的补充材料，直观展示了欧盟一些科研机构在减少研究项目对环境影响方面的有效实践和突出贡献，也为其他受助者和受益人提供了参考。《MSCA 绿色宪章》及其他相关规定的发布，能够在一定程度上提高研究人员对环境可持续性的认识和重视程度，为绿色转型中的科研项目和科研行为设立制度约束，推动科研人员和机构可持续地开展研究活动。

四、欧盟绿色可持续教育的特征

（一）尊重个体成长规律，贯通能力培养体系

人类正在环境与发展形势深刻变化的世界中生存，然而，这并不意味着每一个公民自然会具备支持环境可持续发展的、与地球和谐相处的能力。绿色可持续教育行动的根本目的是培养公民的绿色技能，养成环境可持续发展的意识，帮助他们从个人和集体层面积极采取行动，从而推动社会的绿色转型和可持续发展。从个体能力培养的方式来看，欧盟绿色可持续教育的相关政策秉持"以学习者为中心"的教育理念，尽可能地从幼儿教育和保育开始，贯穿于每个公民的整个生涯当中。从个体生活的轨迹来看，通过知识、技能和态度方面的提升，所有学习者都能够转变消费和生产模式，以更健康和可持续的方式生活，通过个人和集体的方式为社会的转型做出贡献。

欧盟重视绿色可持续教育的连贯性，还体现在它强调要让作为中坚力量

---

① EUROPEAN COMMISSION. MSCA Green Charter［EB/OL］.（2021-04-09）［2022-09-23］. https://marie-sklodowska-curie-actions.ec.europa.eu/about-msca/msca-green-charter.

的年轻人参与进来。"欧盟青年战略"不仅将"可持续的绿色欧洲"确定为一个发展目标，呼吁所有年轻人积极参与环境保护并接受教育[①]，还提出了一个新的青年合作框架——"让年轻人参与、联结和赋权"（Engaging, Connecting and Empowering Young People），旨在拉近欧盟与年轻人的距离，并帮助解决年轻人关心的问题，让他们在真实的社会实践中提升自己的技能。相应地，欧盟年轻人的呼声也很高，行动也非常活跃，正如《潘吉保护地球》游戏的项目经理所说，"该项目的所有合作伙伴都受到年轻一代欧盟公民为气候行动而战的热情的鼓舞"[②]，他们要求变革，呼吁公共部门采取紧急行动，为子孙后代改善气候和保护环境。

（二）满足绿色转型需求，拓宽人才发展路径

《欧洲绿色协议》中还包含八个领域的具体目标，各个领域相互联系、互相影响；社会的发展、环境的变化也要求教育和培训在一定程度上进行转变，从而源源不断地为经济、社会发展输送人才。欧盟要顺利完成向低碳经济的转型，需要打造出与各个领域相互衔接的人才发展路径。

第一，绿色转型时期会出现不同的就业机会，劳动者不仅要能够整合跨学科知识，还需要从不同的角度理解和分析可持续发展的挑战和问题；不仅要能在跨文化和跨学科团队中保持工作的灵活性，还需要与专业的和非专业的群体沟通并传播知识和促进研究。相应地，绿色可持续教育的内容也超越了单一性的局部知识，是涵盖多个学科、多个领域的综合性知识，扩展了绿色人才的知识广度。这些知识不仅包括经济、农业、能源、卫生等方面的知识，还包括可持续发展的文化、经济、环境、政治和社会层面之间的相互联系；这些知识

① COUNCIL OF THE EUROPEAN UNION. Proposal for a Council Recommendation on Learning for Environmental Sustainability-Adoption［EB/OL］.（2022-05-25）［2022-08-25］. https://data.consilium. europa.eu/doc/document/ST-9242-2022-INIT/en/pdf.
② EUROPEAN COMMISSION. Promoting Green Skills through Games［EB/OL］.（2022-09-04）［2022-09-04］. https://erasmus-plus.ec.europa.eu/projects/priorities-2019-2024/european-green-deal/promoting-green-skills-through-games?.

不仅有助于学习者了解经济理论和方法与可持续发展的相关性，还有助于他们应对不同规模和级别的全球可持续发展挑战。

第二，在绿色可持续教育的实施方式上，欧盟既重视解决绿色可持续发展相关问题的专业教育，还尤为重视现实生活中环境可持续性的经验教育；既重视为教育者提供相关的培训和指导，提升他们的绿色素养，还尤为重视为学习者创造支持性的学习环境，营造为了环境可持续发展而学习的氛围；既重视推动显性的环境可持续性学习的发展，还尤为重视通过社交媒体、游戏软件等隐性方式对欧洲公民进行广泛的宣传和教育，在潜移默化中引导他们做出改变。绿色可持续教育通过不同的方式作用于每一个公民，确保公民能够在不同程度上提升绿色素养，在任何复杂的情况下都能够采取可持续发展的行动方式。

（三）紧跟国际社会动向，构建多种合作关系

自 20 世纪 70 年代以来，将环境的可持续发展问题引入环境教育的政策，在国际社会中就一直存在。如今欧盟在碳中和行动目标下提出的绿色可持续教育理念和相关政策，正处于国际环境教育政策发展的扩张阶段。[1] 另外，欧盟作为世界范围内一体化程度高、社会联系紧密的合作组织，一直把加强各成员国在教育领域中的合作当作教育政策的重点。[2] 欧盟各项教育政策的推进和落实建立在各个成员国之间的合作与伙伴关系的基础之上，同时还能够促进国际社会合作构建更广泛的绿色可持续教育体系。

首先，以共同目标为基础建立起来的社群更能激发成员的集体行动，促进彼此之间的协调与合作。环境可持续性问题的解决不仅需要跨学科的整体思维方式，也需要拥有自然科学、社会科学和人文科学等不同专业知识的人士合作发起的集体行动。其一是欧洲各个大学在推动社会绿色转型、实现气候目标

① BIANCHI G. Sustainability Competences：A Systematic Literature Review ［M］. Luxembourg：Publications Office of the European Union, 2020：11.
② 赵叶珠.《欧盟教育与培训合作的战略性框架》述评［J］. 比较教育研究, 2011, 33（07）：49-53.

方面的努力。它们正在积极寻求与社会各界进行创新性、多元化的合作。欧洲大学协会认为实施《欧洲绿色协议》是一个很好的机会，协调整体转型的核心是政策制定者与大学在可持续性福祉开发和新理念实施方面的合作。就像过去的技术和工业革命一样，大学可以帮助协调协议的各个部分，以助于之后发生的改变是基于个人行为，又是整个社会层面的。^①其二是大学生做出的贡献。他们将理论知识应用于实践，将合作网络从课堂中拓展到了课堂外。欧洲大学中有来自各个国家和地区的学生，他们可以根据自己的兴趣，选择确定要解决的可持续发展问题，通过参与实践项目，制订行动计划并共同努力实施。其中包括确定和接触利益相关者，与他们建立伙伴关系并为可持续变革提出建议。一些学生甚至在课程结束后还继续推进他们的项目，建立了不同的可持续发展组织和志愿网络。

其次，在欧盟各组织机构的支持和推动之下，加强各成员国之间的合作与联系也是应有之义。各成员国通过共同努力来实现同样的目标，可以找到机会和迎接挑战，为有效地解决各国及各地区的环境可持续发展问题做出贡献。比如《潘吉保护地球》开发项目前期的研究和准备阶段，就是在项目的合作伙伴国家（奥地利、克罗地亚、爱尔兰和西班牙）中进行的，项目开发者与各个国家的教师和环境利益相关方进行了合作调查。[2]

最后，加强与现有国际组织的合作也是欧盟通过教育和培训来促进绿色转型和可持续发展的一个重要途径，特别是同联合国教科文组织及其他联合国机构的合作。这也是《欧洲绿色协议》、欧盟委员会关于环境可持续性学习的建议和《欧洲可持续性能力框架》后续行动的重要内容。

① EUA. Position: A University Vision for the European Green Deal[EB/OL].（2022-03-14）[2022-10-04]. https://eua.eu/downloads/publications/a%20university%20vision%20for%20the%20european%20green%20deal.pdf.
② EUROPEAN COMMISSION. Promoting Green Skills through Games[EB/OL].（2022-09-04）[2022-09-04］. https://erasmus-plus.ec.europa.eu/projects/priorities-2019-2024/european-green-deal/promoting-green-skills-through-games?.

五、结语

为了应对气候变化、达到碳中和的气候保护目标，欧盟强调通过绿色转型来 解决经济发展和环境保护之间的矛盾，同时重视教育和培训领域对于经济增长和环境改善的实际价值，强调教育对社会和个体发展的实际意义，推动教育和培训领域为实现绿色转型做出贡献。然而，在欧盟内部不同成员国的教育发展水平、国内经济和能源结构都不尽相同的背景下，绿色可持续教育行动的执行势必也会面临不同的障碍和挑战，比如，教育工作者本身绿色素养的高低，资金分配是否公平合理，等等。如果忽略绿色转型中的社会问题，那么绿色可持续教育政策在欧盟及其成员国之间也将寸步难行。因此，要想实现社会的绿色转型和可持续变革，不仅需要消费者、生产者、学生和政策制定者从个人层面转变意识、采取行动，还需要公民共同行动，制订新的具有长期性的行动方案，从社会文化、经济、技术等各方面进行深刻的变革。

［作者简介：肖莎，中国地质大学（武汉）教育研究院硕士研究生；张地珂，中国地质大学（武汉）外国语学院副教授］

科 教 篇

欧盟推进联盟式高水平大学建设的改革及启示

在联盟条约范围内，欧盟致力于支持成员国的教育改革，推动区域内教育协同发展，促进区域内跨境教育合作与交流。为深化欧洲一体化进程，欧盟投入大量资源和经费支持，积极参与了聚焦欧洲区域性高等教育体制改革的博洛尼亚进程，支持横跨 48 个国家的欧洲高等教育区建设；为促进区域内学生学者流动，实施了大规模的"伊拉斯谟＋计划"；为促进欧洲职业教育与培训发展，推动了哥本哈根进程；为推动教育现代化建设，启动了欧洲教育区建设，提出了"欧洲大学倡议"，支持欧洲大学联盟发展，推进欧洲联盟式高水平大学建设，提升欧洲大学的质量和国际竞争力。

一、"欧洲大学倡议"

2017 年 7 月，欧盟发布了 2025 年建成欧洲教育区的战略规划，支持欧洲高等教育机构建立战略合作伙伴关系，组建若干欧洲大学联盟，实现欧洲高水平大学的创新发展。在与各成员国、高等院校深入沟通以及总结欧洲高等院校开展跨境合作实践经验的基础上，欧盟于 2021 年 5 月发布了"欧洲大学倡议"，提出了面向未来的欧洲大学新使命、新挑战、战略规划、国际合作及发展改革等方面的指导意见。该倡议强调欧盟要大力支持欧洲大学高水平发展愿景，建立具有全球竞争力和吸引力的欧洲教育区、欧洲研究区和欧洲创新区，相互协同建设，通过提升欧洲高等教育、研究和创新的"欧洲纬度"，促进性别平等，兼顾包容性和公平性，支持欧洲大学联盟建设，鼓励欧洲高等教育机构之间的跨国合作，激发欧洲高等教育机构的数字化转型。"欧洲大学倡议"得到了欧盟各成员国、高等教育机构、学生组织和欧盟机构的积极响应。在充分协商的基础上，该倡议被纳入欧盟2021—2027年"伊拉斯谟＋计划"及"地平线欧洲"资助计划。

二、欧洲大学联盟建设

欧盟计划于2024年前通过"伊拉斯谟＋计划"及"地平线欧洲"资助计划，确立并支持60个欧洲大学联盟建设，覆盖500所欧洲高等院校。欧盟要求每个大学联盟须由来自至少3个成员国的7~9所高校组成，其中至少有1所高校来自中东欧国家。每个大学联盟内学生可跨校园选修课程，实现学分互认，学位可联颁、联授。欧盟向每个大学联盟提供1440万欧元的资助，为期4年。欧盟将于2024年前协同各成员国制定欧洲大学联盟法律章程，制定学位授予标准，颁发欧洲大学学位。为保障上述计划实施，促进欧洲大学联盟高质量发展，欧盟将在2021—2027年投入11亿欧元支持60个欧洲大学联盟的建设。与此同时，欧盟还鼓励成员国和私营部门加大对欧洲大学联盟的支持与资金投入，目标是在2024年年中之前完成60个大学联盟的组建，覆盖所有欧盟成员国及欧洲国家的500多个高等教育机构。2019年，欧盟选定了17个大学联盟，2020年又确定了24个大学联盟，2022年上半年4个新的大学联盟得到欧盟委员会批准。经过评估，第一批17个联盟中的16个成功获得了欧盟后续资金支持。到目前为止，欧盟已经批准了44个欧洲大学联盟，覆盖欧洲31个国家的340所高等教育机构。这些大学联盟已与约1300个非政府组织、企业、创业园区、地方当局机构建立了合作关系。通过参与欧洲大学联盟，许多欧洲大学促进了学生流动、跨境合作、数字化转型，国际竞争力有了大幅度的提高，欧洲高等教育呈现明显的高质量发展趋势。欧盟创新、研究、文化、教育和青年事务委员玛丽亚·加布里埃尔（Mariya Gabriel）表示，欧盟通过"欧洲大学倡议"支持欧洲大学联盟式发展，将助力欧洲高等教育实现跨校园、跨国界和跨学科发展，推动学生、教职员工和研究人员在欧洲的自由流动，共同创造新知识。她认为欧洲大学联盟作为欧盟高等教育和科研创新改革的旗舰项目，将把数百个独立的高等教育创新中心联结成为跨国网络，将欧洲高等教育提升到一个新的水平。欧盟将提供更多和更长期的资金支持，为更多欧洲高等教育机构提供加入现有大学联盟或组建新的大学联盟的机会。

三、欧洲大学联盟类型

欧洲大学联盟一般由 7~9 所欧洲高等教育机构组成，每个大学联盟有一所牵头院校发挥秘书处协调作用。各大学联盟在申请经费资助时，欧盟要求不同类型的大学联盟具有清晰及可持续的发展愿景、组织结构、运作模式，开展的主要活动符合欧盟的发展规划及运作标准，获得有关成员国、当地政府、非政府机构、企业、创业园区的实质性参与和经费支持，特色鲜明，具有可持续发展潜力。在收到有关大学联盟的申请书后，欧盟将任命有关专家（包括大学校长、教授和研究人员）独立开展专家评议。目前，经欧盟确认的 44 个大学联盟包括综合性及研究型大学、应用科学大学、技术学院、艺术学院和高等职业教育学院等，涉及的学科包括社会科学、创新创业、海洋、农业、跨学科研究、数字转型、公共卫生与健康、技术与工程、美术等，覆盖欧洲 31 个国家，包括 27 个欧盟成员国以及冰岛、挪威、塞尔维亚和土耳其。

四、欧洲大学联盟面临的挑战

近 30 年来，在博洛尼亚进程和构建欧洲高等教育区的背景下，欧洲各国高等院校实现了学制、质量保障标准和学位制度的变革，实现了相对统一的欧洲高等教育体系。各国高等教育和科研体系具有良好的兼容性，欧洲高等教育一体化取得了重大进展。欧盟在欧洲高等教育体制变革中发挥了重要的推动作用，开发了"欧洲学分转换和累积系统"（ECTS）、《欧洲高等教育区质量保障标准与指南》（ESG）、欧洲资历框架和"文凭附录"（DS）等工具箱。然而，欧盟在高等教育方面获得各成员国的让渡权仅限于辅助、支持及协调行动等方面，各国享有高等教育的主权，因此，跨国的欧洲大学联盟运作仍面临许多挑战。这些挑战包括大学参与欧洲大学联盟的动机和目的各异、实施方案与资金管理水平不齐，最大的挑战是能否实现可持续性发展。

参加欧洲大学联盟的院校有着不同的目标、动机和期望，联盟院校对使用欧盟或其他渠道资金及资源也有不同的想法。欧洲大学联盟作为长期处于变革过程中的联盟，须建立一个与联盟大学的机构设置和决策过程相兼容的有效的治理体系。

由于各国高等教育发展不平衡，各类高校的教育质量存在差异，对欧洲学分转换和累积系统及学位证书发放标准的具体操作也不尽相同。联盟大学间联合研究项目、联合课程的认证和质量保障也由不同的机构负责。

在一些国家，欧洲大学联盟的运作与该国高等教育法规不尽相符，在教学语言、收费标准、资助体系、校历、教职员工聘用、入学要求、质量保障机构的管辖范围、联合课程与联合学位的认证标准和程序等方面存在差异。

在国家层面上，各成员国对高等院校的拨款及经费管理不太可能进行根本性的改变，高校跨国合作的资金管理面临挑战，需要欧盟机构、成员国、联盟高校针对欧盟不同国家拨款与多渠道筹款建立公平、合理、公开的协调机制。

鉴于欧洲大学联盟将不可避免地朝着实体化方向发展，欧盟及成员国需要尽快达成共识，扫清法律障碍，在欧盟层面立法，确定欧洲大学联盟的法人地位。在某种意义上，欧盟与成员国在高等教育方面的责权须有所调整，这将是决定欧洲大学联盟能否实现可持续性发展的关键因素之一。

五、欧洲大学联盟建设对我国高水平大学建设的启示

近年来，欧盟及成员国在危机四伏的情况下，期望通过加强联盟团结整合资源，实现战略自主。欧盟将绿色和数字化"双转型"确立为整合资源、增强国际竞争力的优先战略，寄希望于欧洲大学等高等教育机构肩负起创新发展

的使命，成为欧洲引领绿色和数字化"双转型"的中坚力量。针对欧洲高等院校数量多、规模小、特色鲜明、发展不平衡、缺乏国际竞争力等问题，欧盟充分发挥其在欧洲高等教育国际合作与交流方面的引领者作用，不断加强与成员国及高等教育机构的沟通，协同出台欧洲高等教育改革指导性文件，设置引导性项目，增加经费投入，推动欧洲高等教育机构的联盟式合作与创新发展。欧洲大学联盟是欧盟构建欧洲教育区、欧洲研究区和欧洲创新区的重点项目，也是欧盟协同成员国支持欧洲高等院校联盟式推进世界一流大学建设的创新举措，为我国高等院校"双一流"建设提供了重要的参考与借鉴。

我国自 2015 年发布《统筹推进世界一流大学和一流学科建设总体方案》以来，先后两轮发布了"双一流"建设高校及学科名单。目前我国的"双一流"高校共有 147 所。国家希望通过支持这些"双一流"高校的重点学科建设带动世界一流大学整体建设，最终能建成若干世界一流大学，在 21 世纪中叶实现高等教育强国目标。8 年来，我国高等院校的"双一流"建设取得了举世瞩目的成就，一些"双一流"大学在世界各大排名机构的排名都有显著的提升。与此同时，我们也清醒地认识到，我国"双一流"高校建设还存在着地域发展不平衡、同质化竞争等问题，整体实现世界一流大学的目标任重道远。我国宜密切跟踪世界一流大学发展态势，充分借鉴并吸收世界一流高水平大学建设的经验及有益做法，加速我国"双一流"高校建设进程。我国"双一流"大学可在政府主管部门的支持下，借鉴欧盟及成员国推进联盟式高水平大学建设的创新实践，在同类"双一流"学科范围内组成若干"双一流"大学联盟，开展重点学科共建、数字化课程开发及共享、师生交流、学分互认、联合培养、联合科研、学位联颁联授等务实合作，缩小同类"双一流"高校的地域性差距和同质化竞争，按照党的二十大报告提出的任务要求，加快建设高质量教育体系，创新推进"双一流"建设，提升我国"双一流"高校的综合实力和办学水平。

2012 年，我国与欧盟建立了高级别人文交流对话机制，中欧定期举办高等教育合作交流平台会议，开展教育政策对话，分享双方推进教育现代化的经验和做法，互学互鉴。未来，我国可利用中欧高级别人文交流对话机制及中欧高等教育合作交流平台，就我国"双一流"大学建设及欧洲大学联盟建设进行充分交流，积极推动我国"双一流"大学与欧洲大学联盟间的合作与交流。目前，中欧高等院校存在广泛的合作与交流。中欧多所高校参与了"欧盟之窗"中国政府来华留学奖学金、欧盟"伊拉斯谟＋计划"项目下的学生学者流动、研究生联合培养、高校能力建设、科研合作等项目。我国高校宜通过各自合作的欧洲院校拓展与该校参与的欧洲大学联盟院校的合作，在日益复杂的国际局势下通过教育合作加强人文交流，推动中欧战略合作行稳致远。

｛原文刊载：车伟民. 欧盟推进联盟式高水平大学建设的改革及启示［J］. 教育国际交流，2023（01）：54-56.｝

（作者简介：车伟民，中国驻欧盟使团教育文化处原公使衔参赞）

从洪堡精神到调优项目：欧盟主要国家的学士学位课程改革

一、问题的提出

自 20 世纪 90 年代初期开始，伴随计划经济向市场经济的转变，中国高等教育对外开放与交流进一步扩大，西方国家尤其是美国大学的教育理念和办学方式等更多地被介绍到国内高教界。例如，20 世纪 90 年代中期以后，国内越来越多的高校借鉴和参考美国通识教育（general education）理念，改革本科课程内容。北京大学和复旦大学还分别成立了元培班（后发展成为元培学院）和复旦学院等。此外，美国顶尖研究型大学也成为许多"985"高校对标和学习的主要模式。例如，北京大学和清华大学分别对标哈佛大学和麻省理工学院等，制定了建设世界一流大学的战略措施。过去几十年，由于国家政策引导、地方政府支持和高校自身努力等，国内大学整体研究水平不断提高，特别是北京大学、清华大学、浙江大学、上海交通大学等在几个主要国际大学排行榜上的名次持续上升。不仅如此，美国一些研究型大学的办学理念和模式、国内研究型大学的示范性作用还在很大程度上带动了我国地方政府和地方院校努力建设地方高水平大学，如北京工业大学和南方科技大学等制定的建设地方高水平大学规划。但是，在这一过程中，不少高校也出现了教师重研究轻教学、本科教育质量整体下降等现象。为了解决这些问题，教育部出台了多项措施，加强本科教育，尤其是研究型大学的本科教育。例如，2016 年 12 月，教育部时任部长陈宝生明确提出，"没有高质量的本科，就建不成世界一流大学"①。2019年，《教育部关于一流本科课程建设的实施意见》发布，要求高校建设适应新时代要求的一流本科课程，全面开展一流本科课程建设。②

鉴于基本国情，建设具有中国特色的社会主义高等教育体系固然是基本国策，研究和借鉴不同国家和地区高校有关本科课程改革的经验对于提高国内高校本科教育质量、建设世界一流大学和学科，也有着十分重要的理论和现实意义。然而，笔者通过中国知网检索发现，自 20 世纪 90 年代后期开始，有关美国本科教育课程、研究型大学本科教育课程改革、通识教育、文理学院等课题的文献数以千计，涉及欧洲大陆本科、学士学位课程或高等教育中第一级课程的相关研究却很少，涉及博洛尼亚进程后欧盟主要国家本科或学士学位课程改革或案例介绍的文献不足 20 篇。其中，窦现金在 2013 年介绍了调优项目的基本特点和相关举措。③ 袁本涛等从比较的视角，介绍了博洛尼亚进程后欧洲工程教育专业认证的发展。④ 谌晓芹的《结构主义视野下的博洛尼亚进程》一书，主要讨论了博洛尼亚进程及其特点。⑤ 不难看出，如果基于中国知网上公开的文献数量，国内高教界和学术界更加重视研究英美尤其是美国大学本科教育课程的有关问题，不太关注欧洲大陆近年来的本科或学士课程改革和变化。从学术的角度，系统分析调优项目，特别是近年来欧洲大陆本科课程变化趋势和特点的研究更是有限。究其原因，大概包括以下几方面。首先，美国的政治、经济和文化等方面在全球的影响远强于欧盟成员国或欧洲大陆主要国家；其次，即使欧洲大陆最有名的大学，它在全球的影响力或在国际大学排行榜上

① 田延辉，邓晖. 培养什么样的人 办什么样的大学——对话教育部党组书记、部长陈宝生［N］. 光明日报，2016-12-29（09）.
② 中华人民共和国教育部. 教育部关于一流本科课程建设的实施意见［EB/OL］.（2019-10-30）［2020-01-10］. http://www.moe.gov.cn/srcsite/A08/s7056/201910/t20191031_406269.html.
③ 窦现金. 欧盟调整和优化高等教育质量的政策举措［J］. 中国高等教育，2013（18）：60-63.
④ 袁本涛，郑娟. 博洛尼亚进程后欧洲工程教育专业认证的发展研究——以欧洲工程教育认证网络为例［J］. 清华大学教育研究，2015，36（01）：28-33.
⑤ 谌晓芹. 结构主义视野下的博洛尼亚进程［M］. 北京：中国社会科学出版社，2016.

的位置也低于美国顶尖大学；最后，尽管英语是欧洲大陆绝大多数国家通用的学术语言，大多数欧洲大陆国家高校中有关本科课程改革的资料却基本是以本国语言为主，增加了相关研究的难度。

尽管对大学出现的具体年代尚有争论，但学术界基本认为，今天的大学机构起源于12世纪中期欧洲大陆的中世纪大学。从19世纪开始，法国和德国的高校课程和办学模式不仅影响了欧洲其他国家和地区的高等教育近代化，也在极大程度上影响了美国、日本和中国高等教育的近代化过程。而苏联和欧洲大陆绝大多数国家的本科课程和高等教育的诸多方面直到20世纪90年代仍有别于英国、美国，保持着鲜明的特色。更重要的是，欧盟国家的高等教育机构为本国培养了大批高水平的专业人才，满足了各自国家和欧盟劳动力市场的需求，促进了社会经济的发展。国际主要大学排行榜前100名高校中，来自欧洲大陆的大学数量在增加。

鉴于以上理由，本文主要通过分析相关文献、案例及部分访谈结果，揭示欧洲大陆主要国家的学士学位课程结构和内容的变化过程，在此基础上分析其学士学位课程的主要特征。研究问题如下。

第一，影响欧洲大陆主要本科课程改革和变化的背景是什么？

第二，目前这些改革的结果与面临的挑战有哪些？

第三，欧洲大陆是否形成了具有特色的学士学位课程体系？

本文中提到的学士学位课程或高等教育中第一阶段的课程相当于国内的本科课程，文中没有进行严格区分。此外，学位（degree）或教育项目（education program）类似于国内的专业课程。有关文献中的"course"则翻译为"教学科目"。

二、欧洲大陆高等教育的传统与本科课程变化的背景

（一）法国、德国近代高等教育模式的形成

从19世纪初开始，法国出现了以传授近代科学技术内容为主的新型高等教育机构。这些机构的基本特点是"传授一门科学、一门技术或一门专

业"①。根据史料记载，1789年之后，法国新政权下的国民会议废除了当时所有的大学，曾在法国各地倡议设立了十几所专门学院，这些专门学院后来统称为"大学院"②。相比这些专门学院，1794年创立的综合理工学院作为高等教育机构，首次开设了系统的、以近代科学与技术为基础的课程，培养近代科学人才和服务于新政权的官僚。在拿破仑时代，以此为基础建立了帝国大学制。其中，综合理工学院被改造成为带有浓厚军事色彩的高等教育机构，其课程设置也随之以培养法国军事人才为目标。实际上，不仅综合理工学院，在此后几十年中陆续设置的其他各类学院，如物理和工业化学学院、高等商业学院等，都极其重视课程内容的实用性，并且同国家利益紧密相连。两次世界大战期间，法国高等教育虽然发生了某些变化，但其基本结构，特别是重视培养专业人才的价值观没有发生实质性变化，这些特点对法国高等教育的影响几乎一直延续到20世纪上半叶。③

不同于法国早期大学，1810年成立的柏林大学以培养探求真理和从事学术研究的学者和研究人员为目的，通过教学和科研相结合，成为近代大学的先驱。柏林大学同样重视传授近代科学方面的教育内容，但是洪堡在论述大学使命时强调，柏林大学的本质是"科学与主观的教养相结合"。也就是说，新型大学应该是保证学生能够通过探索纯粹的客观学问获得主观教养的机构。④"孤独和自由"是实现这一理念的前提条件，"教学和研究相结合"是基本办学原则，通过哲学统合具体和个别的学科是实现其办学目标的有效途径。洪堡心目中的高等教育机构是追求完美的纯粹知识并在这一过程中训练和发展教师和学生双方心智的新型大学。

在洪堡的办学思想影响下，柏林大学的改革很快成为欧洲近代大学的又一

① LIARD L. L'enseignement supérieur en France：1789–1889［M］. Paris：Armand Colin，1908：419.

② LIARD L. L'enseignement supérieur en France：1789–1889［M］. Paris：Armand Colin，1908：452–463.

③ VERGER J C. Histoire des universités（Bibliotheque histoirque Privat，1986）［M］. Paris：PUF，1994：263.

④ PAULSEN F. The German Universities and University Study［M］. New York：C. Scribner's sons，1906：49.

典范，它和法国近代高等教育模式共同构成欧洲大陆近代高等教育两大模式，不仅影响着欧洲高等教育的近代化，还影响到许多其他国家近代大学的创立。

（二）欧洲大陆本科课程改革的背景

虽然法国和德国等欧洲大陆国家自 20 世纪 60 年代后期开始，即对包括本科课程在内的高等教育进行了多次改革，但欧洲大陆主要国家的高等教育尤其是本科课程发生结构性变化是在进入 21 世纪之后。根据博洛尼亚进程网站发布的信息和相关文献 ①，欧洲大陆本科课程改革主要是在以下背景中展开的。

首先，20 世纪 90 年代之后，欧洲一体化进程加速，特别是欧洲统一的劳动力市场形成，要求欧盟成员国改革各自国家的高等教育制度，在结构、教育内容、学分、学历证书以及学位等方面，建立成员国之间可以相互比较、交流、认可、兼容的欧洲层面的高等教育系统。其次，尽管绝大多数欧盟成员国没有像英国、美国和澳大利亚等国那样，在高等教育中引入市场竞争机制，但至少国际大学排行榜的出现促使欧盟成员国认识到，不仅在经济方面，在高等教育和学术研究等方面，欧盟成员国也有必要进一步提高质量，建立具有全球竞争力的高等教育体制，迎接来自其他区域的挑战。再次，美国大学自由教育和通识教育理念在全球影响力的增强自然对欧洲大陆主要国家本科阶段的办学理念和课程内容产生了一定的影响。例如，荷兰和欧洲少数国家出现的文理学院尽管规模很小且多为私立，但直接反映了这种影响。② 最后，建立高度透明、可以与国际上绝大多数国家和地区的高等教育系统相互对比和交流的欧洲层面的高等教育制度，也有利于欧盟成员国吸引欧洲以外更多优秀的留学生和学者到欧洲大陆学习和从事研究，提高欧盟整体和成员国高等教育的国际化水平，

---

① NEAVE G. The Bologna Declaration: Some of the Historic Dilemmas Posed by the Reconstruction of the Community in Europe's Systems of Higher Education [J]. Educational Policy, 2003, 17（1）: 141–164.
AMARAL A, NEAVE G, MUSSELIN C, et al. European Integration and the Governance of Higher Education and Research [M]. The Netherlands: Springer, 2009.
② WENDE V D MARIJK. The Emergence of Liberal Arts and Sciences Education in Europe: A Comparative Perspective [J]. Higher Education Policy, 2011, 24（02）: 233–253.

进而增强在全球的影响力。

1999 年，欧洲 29 个国家的教育部部长在意大利博洛尼亚就今后建立统一的欧洲高等教育区（European Higher Education Area）达成了共识，签署了《博洛尼亚宣言》，确定到 2010 年建立具有共同框架的本硕两级欧洲高等教育区，正式推进欧洲高等教育学制改革，称为"博洛尼亚进程"。2003 年，《柏林公报》提出了如下新的建议：构建欧洲统一的高等教育质量保障体系；在欧洲统一的学位框架中增加博士课程，建立由三年制学士学位、二年制硕士学位和三年制博士学位构成的三级高等教育系统；各国建立高校毕业生的学历补充文件制度（Diploma Supplement），便于成员国之间相互交流、比较和承认。

截至 2019 年，48 个具有不同政治、文化和学术传统的欧洲大陆国家基于共同的价值观（例如言论自由、机构自治、独立的学生会、学术自由、学生和教职员工的自由流动），根据自愿原则并通过政府间相互合作的方式，制定了一系列欧洲层面的高等教育框架制度，例如欧洲高等教育区的总体框架、欧洲学分互换和累积系统（European Credit Transfer and Accumulation System，ECTS）、提倡以学生为中心的教学原则、《欧洲高等教育区质量保障标准与指南》等。在这一过程中，欧洲大陆有关国家、机构和利益相关者等不断调整其高等教育系统，使其更加透明、更具兼容性，并加强质量保证机制。而在本科课程改革过程中，博洛尼亚进程的核心思想则是重视以学习者为中心，培养学生的多种能力，强调学习成果。

三、欧洲大陆学士学位课程改革的进程、影响与问题

（一）调优项目的特点与实施

作为博洛尼亚进程的重要一环，调优项目始于 2000 年，正式名称为"优化欧洲教育结构"（Tuning Educational Structures in Europe）。[①] 该项目旨在将

---

① WAGENAAR R. Reform! Tuning the Modernisation Process of Higher Education in Europe: A Blueprint for Student-Centred Learning ［R］. International Tuning Academy, 2019.

博洛尼亚进程中的政治目标与高等教育改革目标紧密结合。目前，调优项目不仅是一种（重新）设计、开发、实施、评估三阶段学位课程的方法，更重要的是，它基本已经发展成为一个调整欧洲大陆高等教育结构、内容及方法的过程。调优项目虽然旨在具体落实博洛尼亚进程中高等教育改革的目标，但是它同时强调欧洲各国的大学不会也不应该按照统一标准开设学位课程或寻求建立单一或统一的课程模式。该项目的实施也不意味着形成最终统一的欧洲大学课程模式。调优项目只是寻求各成员国之间存在的衔接点，为各国高等教育课程改革提供参考。通过该项目，各成员国之间获得了更多的共识和互相理解，因此它实际上是一种高等教育机构层面的结构调整。其主导思想具体表现在以下两个方面。①

第一，调优项目强调，保护欧洲教育的丰富多样极为重要，绝不试图限制学术和学科专家的独立性，也不破坏地方和国家权威，而是在尊重成员国多样性和自主性的基础上，建立统一的教育结构和教育项目。

第二，调优项目的实施不是覆盖整个教育系统的所有方面，而是侧重于学科领域（即学习的内容），或教育结构与教育内容的调整与优化。调优项目强调，维护整个教育系统主要是政府的责任，而教育结构和教育内容的调整则是高等教育机构以及学术人员的责任。它着重促进有关成员国在课程结构、学科领域或教育项目以及课堂教学等方面建立可比性。在这一过程中，通过各国合作，调优项目提供了各成员国可以共享的、有关不同学科领域、教育项目或课程的学术（academic）和专业（professional）方面的信息和标准，以及社会对这些领域或教育项目的需求，非常重要。

调优项目在实施过程中，主要从五个方面设计开发某一特定学科领域或教育项目的模型，帮助各国在教育结构、学科领域或教育项目以及实际教学等方面实现可比性。具体包括通用能力，特定学科的能力，欧洲学分转换和累积系统的作用，学习、教学和评估的方法，在尊重院校内部质量保障文化的基

---

① NUNING. Tuning Educational Structures in Europe［EB/OL］（2015–11–30）［2020–04–10］. https://www.unideusto.org/tuningeu/.

础上提高教育质量。基于上述五个方面的考虑，在具体设计和开发某一学位课程或教育项目的过程中，调优项目确定了八个主要步骤。

（1）满足基本条件：是否已确定某一学位课程或教育项目能够满足地区 /国家 /欧洲范围内的社会需求？这些内容是否在咨询利益相关者（雇主、专业人员和专业机构）的基础上完成？从学术角度来看，该学位课程或教育项目是否足够引起利益相关者的兴趣？是否确定了共同的质量保障标准？必要资源配备是否存在问题？此外，对于由多家机构提供的国际学位课程，以下问题需要考虑和确认，例如，是否得到了有关机构的承诺？在什么基础上可以建立（官方）协议或战略联盟？能否保证申请相关课程的手续在不同国家都可以得到批准或合法认可？各国间学分互换和认可有无问题？

（2）提供有关学位课程的简介。

（3）提供有关计划、目标以及必须取得的学习成果（在知识、理解、技能和能力方面）的描述。

（4）确定学习者应该获得的与学科相关的通用能力。调优项目中区分三种通用能力：工具能力，包括认知能力、方法论能力、技术能力和语言能力；人际交往能力，包括个人能力，例如社交技能（社交互动和合作）；综合能力，如综合理解能力、运用知识的能力等。

（5）将上述能力的培养转换为具体课程，包括内容（要涵盖的主题）和结构（模块和学分）的设置。

（6）将课程进一步转换为具体的教学单位和教学活动，以获得预期学习成果。

（7）确定教学方法（方法的类型和技术手段等）以及评估方法。

（8）开发旨在不断提高教学质量的评估系统。

根据上述步骤，某一学位课程或教育项目的编制开发与质量保障可以用图 1 表示。

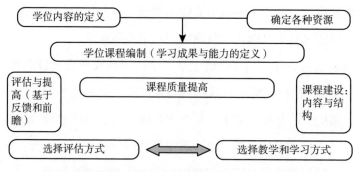

图 1 学位课程或教育项目的编制开发与质量保障过程

此外，调优项目在实施过程中还设计开发了关于主要学科在学士学位课程与硕士学位课程阶段的学习成果、学习者应该掌握的各种能力、建议开设的教学内容、不同教学内容的学分分配、具体的教学方法、测评学习成果的标准和方法等方面的建议与指南。例如，工科指南内容大致包括以下几方面：工科及其教学、工科授予的典型学位类型、学士和硕士学位阶段的学生毕业后从事的典型工作及其就业类型、工科不同阶段有关学习成果与资格认定的具体描述、获得学习成果和各种能力的方法等。

在第一和第二阶段（2000—2004年），调优项目设计开发了九大学科的相关建议及课程开发、教学指南，包括商业管理、化学、教育科学、欧洲研究、历史、地球科学、数学、护理学和物理学。截至目前，该项目共开发了42套学科建议与指南。值得强调的是，各套学科建议与指南中要求学士学位课程达到的各种能力和获得的学习成果，只是为各国提供主要学科的课程设置、教学及评估等方面的参考，一般性地描述相关学科的特性以及期待学习者达到的学习效果和具备的各种能力，并不具有强制约束力。实际上，调优项目允许和鼓励各国在课程编制过程中进行具有弹性和自主性的课程开发。

综上所述，近年来，基于调优项目的高等教育改革，尤其是本科课程改革，在理念、制度和内容三个层面的特点大致可以归纳如下。

第一，在理念层面，欧洲大陆的许多国家在法国和德国两大教育模式的影响之下，除了重视综合性学习和学术研究，也有着重视专业教育（professional education）的悠久传统。近年来，许多国家在保持这种传统的同时，为建立统一的欧洲高等教育区，贯彻调优项目提出的相关建议，采取了各种改革措施。在这一背景之下，调优项目明确提出，本科阶段的课程应着重培养学习者的能力。这些能力既包括特定学科需要的能力，也包括与特定学科或专业相关的通用能力。其中，与特定学科领域或专业相关的能力，依据学科不同，基本上是从对高等教育研究人员、相关学科的任课教师、雇主、学生等进行调查的结果中提取的最重要的能力。因此，从国际比较的视角来看，欧盟主要国家本科阶段课程改革的目标首先是强调学士学位阶段的教育能够满足社会变化与劳动力市场的需要，其次是进一步促进这一阶段教育的专业化过程。[①]

第二，制度层面主要体现在建立三年制的学士学位课程体系，院校内部具体课程开发和教学活动原则上由各个不同的专业学院或专业教学单位自主负责进行。

第三，在教学内容层面，为了实现上述目标，大学或高校具体根据相关学科的学术和专业发展变化情况，即学习者需要在学术、知识及实践能力等方面达到的标准，明确社会需要以及毕业生在职场所需要的能力，在此基础上开发和提供教学内容。此外，与传统的教学不同，调优项目强调以学习者为中心，鼓励学生积极主动参与学习，教学单位则在每一个主要学习阶段进行持续和渐进的评估。

（二）案例分析

1. 德国大学本科课程的变化

根据相关研究，在博洛尼亚进程和调优项目实施过程中，德国大学本科课程的主要变化包括：学制在缩短，加强了软技能的训练，课程的范围更加宽广，强调通过教育增强学生的就业能力，提高了国际化水平（表1）。[②]

---

① 黄福涛. 能力本位教育的历史与比较研究——理念，制度与课程［J］. 中国高教研究，2012（01）：27-32.

② SANTEN A V. Varieties of Capitalism — Varieties of Degrees? Undergraduate Education in Germany and the United States Compared［M］. Berlin：Hertie School of Governance，2014.

表 1 德国大学本科课程的变化要点

改革目标	机械工程	商业管理
缩短学制	◆ 第一学位从 5 年减至 3 年	◆ 第一学位从 5 年减至 3 年
软技能的训练和范围更宽广的课程	◆ 所有课程注重软技能 ◆ 除了极少的几门高年级课程，没有重大变化 ◆ 增加新的软技能和项目活动课程	◆ 所有课程注重软技能 ◆ 课程结构和某些课程中选课方式的变化 ◆ 增加新的软技能和项目活动课程
就业能力	◆ 实习通常比在应用科学大学中获得学位所需实习时间短 ◆ 增加新的项目活动课程	◆ 对实习没有要求，但在学生中实习很普遍 ◆ 学士学位论文的撰写通常与研究及工作经验结合起来进行 ◆ 增加关注特定行业的新课程
国际化	◆ 几乎所有课程都需要学生学习英语 ◆ 教学和考试通常使用英语 ◆ 与改革前相比，海外学习时间受到更多限制	◆ 所有课程都需要学生学习英语或其他外语 ◆ 教学和考试使用英语 ◆ 关注国际问题和外语学习

资料来源：SANTEN A V. Varieties of Capitalism — Varieties of Degrees? Undergraduate Education in Germany and the United States Compared[M]. Berlin：Hertie School of Goverance，2014：222.

2. 苏黎世联邦理工学院 ①

苏黎世联邦理工学院的历史可以追溯到 1855 年，最初的创建者计划将其创建为创新和知识的中心。该学院强调自由和个人责任，强调进取精神和豁达精神。学院努力为学生提供独立思考的理想环境，为研究人员营造激发卓越绩效的氛围。

自 1996 年至 2020 年，共有来自 120 多个国家和地区的 22200 名学生，包括 4180 名博士生在该校学习和从事研究。目前该校有 540 名教授，440 个校办公司。建校以来，共产生了 21 名诺贝尔奖获得者及数名其他国际学术奖获得者。该校每年申请 100 多项专利，创作 150 余篇发明报告。该校在 2019 年和 2020 年泰晤士高等教育世界大学排行榜中列第 13 位，在 2020 年和 2021 年 QS 世界大学排行榜中居于第 6 位，2019 年和 2020 年上海软科世界一流大学学术排行榜中居于第 19 位。

---

① ETH ZURICH. Program Structure of ETH Zurich［EB/OL］.（2020–03–30）［2020–03–30］. http://ethz.ch/en/studies/prospective–bacheors–degree–stu–dents/programme–structure.html.

该校学士学位课程涵盖了学术内容、实践知识、跨学科合作的能力以及与社会相关的关键技能。学士学位课程以德语开始教学。在第二学年和第三学年，一些课程使用英语教学。学士学位课程包括 180 学分，通常需要三年完成。最长学习期限为五年。第一学年的主要内容涵盖数学基础知识，以及与各个学位项目相关的科学领域（例如物理学、化学和生物学）的基础知识。第一学年有年末考试。在接下来的四个学年中，学生集中学习有关学位项目的理论和方法论方面的内容。具体的课程结构如表 2 所示。

表 2　苏黎世联邦理工学院学术学位课程结构

第一学年学习内容（60 学分）
综合性基础内容
数学、物理学、化学、计算机科学、生物学
特定科目的基础内容
第一学年的考试
第二学年和第三学年学习内容（120 学分）
指定科目的学习内容
选修课程和项目设计
可能需要撰写学士学位论文
综合视野中的科学
学期考试、书面报告

资料来源：ETH ZURICH. Program Structure of ETH Zurich［EB/OL］.（2020–03–30）［2020–03–30］. http://ethz.ch/en/studies/prospective–bacheors–degree–stu–dents/programme–structure.html.

3. 乌特勒支大学

乌特勒支大学是欧洲大陆古老的大学之一，也是荷兰顶尖研究型大学之一，在上海软科世界一流大学学术排行榜上连续多年蝉联荷兰第一。该大学药物科学院本科课程学制为三年，每年由四个时间段构成，每个时间段为十周。在每个时间段，学生学习一门 15 学分的科目或两门各为 7.5 学分（ECTS）的科目。[①]

---

① UTRECHT UNIVERSITY. Curriculum of College of Pharmaceutical Sciences［EB/OL］.（2020–01–30）［2022–02–21］. http://www.uu.nl/bachelors/en/college–pharmaceutical–sciences/curriculum.

　　该学院的教学方式多种多样，不同教学方式的大致比例为：课堂讲授10%，小班讨论课10%，实践教学20%，团队工作30%，自学30%。教学计划显示，第一学年开设四门必修科目（流行病学和临床发展、药物代谢动力学和药效动力学、药物与细胞、药物分子学），第二学年开设三门必修科目。选修科目在第二学年和第三学年的部分时间开设。在第三学年的后半期，学生需要参加一项与药物相关的本科研究项目。这是该学院学士学位课程的独特之处。学生在第三学年的一个学期中，在科学家和导师指导下，完成一个本科研究项目。

　　该校经济学和商业经济学的学士学位课程也需要三年的时间才能完成。①每个学年同样包括四个时间段，每一个时间段由十周组成，每个时间段的最后是一个考试周。学生每周上课时间是 12~18 个小时（听课和讨论课）。学生每周学习时间是 30~40 个小时，包括学前准备和预习等。

　　该学位课程包括两大部分：专业课和选修课。学士前一年半主要学习基础课程，并熟悉经济学和商业经济学、财务与会计的基本原理以及有关统计量化方面的课程，如数学和统计学等。例如，在第一个时间段，学生主要学习经济学和商业经济学导论，以及财政学和会计学导论；在第二个时间段，主要学习微观经济学、福利和机构，以及与经济学有关的数学；在第三个时间段，学习欧洲视野中的宏观经济学、统计学；在第四个时间段，学习战略和组织学，以及一门辅修科目或其他选修科目。在第一学年末，学生会收到继续升学的建议（Binding Study Advice，BSA），内容涉及学生是否选择了正确的课程内容等。如果未通过第一学年考试，学生必须至少获得 45 个学分才能升入二年级继续学习。

　　在后一年半，学生根据自身志向和兴趣，在导师或学习顾问的帮助下，选修相关科目，参加实习或出国短期留学。学生可以选择的辅修科目有六门，包括法律、地理、社会科学和数据科学等。辅修科目要获得学分，同样需要撰写相应的研究报告等。此外，学生也可以选择经济学课程或乌特勒支大学其他

---

① UTRECHT UNIVERSITY. Curriculum of College of Pharmaceutical Sciences [EB/OL]. （2020-01-30）[2022-02-21]. http://www.uu.nl/bachelors/en/college-pharmaceutical-sciences/curriculum.

学院开设的科目。毕业之前，学生需要通过毕业论文答辩。

至于教学法，学生主要是听课和参加讨论课。前者主要指大班教学，教师与学生们一起讨论有关教材或参考资料，并做系统讲解。后者的班级规模不超过 30 名学生，在教师指导下，学生们分组讨论一个特定的主题。学生有时还需要利用电子学习环境完成作业。为了测试掌握知识和技能的情况，学生需要参加考试，撰写论文，进行口头报告，与其他人沟通完成小组作业或研究报告。

在学期间，学生可以选择在海外大学学习六个月。与乌特勒支大学合作的海外大学有近 100 所，包括与经济学院合作的几所美国大学，学生可以在海外合作院校学习经济学有关的科目。

此外，学生可以在第二学年或第三学年参加实习。实习的目的主要在于获得工作经验，在实践中直接应用所学的理论知识。实习或研究可以选择在国内，也可以在国外。

（三）改革的影响与问题

调优项目不仅极大地影响了欧洲大陆主要国家的高等教育课程改革，在欧盟成员国之间形成了相对统一的有关学士学位课程的人才培养目标、课程结构、学习成果评价标准和方法，也对创建拉丁美洲高等教育区、建立中亚高等教育区、调整和促进非洲各国之间在高等教育方面的合作、强化区域间的交流发挥了积极的引导作用。[①] 不仅如此，2012 年中欧合作进行的调优项目也揭示了调优"以学生为中心""以能力为基础"，与中国正在进行的高等教育人才培养模式改革方向基本一致；此外，调优的理论和方法对中国正在实行的卓越人才培养计划具有参考价值。[②]

---

① KNIGHT J. A Model for the Regionalization of Higher Education：The Role and Contribution of Tuning［J］. Tuning Journal for Higher Education，2014：105-125.

② 中国国家教育研究发展中心. 中国—EU TURNING 共同研究［EB/OL］.（2017-09-25）［2022-03-20］. http://www.docin.com/p-2043364299.html. 窦现金. 优化教学过程的理论与探索——中欧调优联合研究报告［M］. 北京：高等教育出版社，2014.

当然，调优项目的实施也面临不少挑战。首先，虽然欧洲大多数国家已逐渐实施了本、硕、博三级学位制度（本科阶段 3 年 + 硕士阶段 2 年 + 博士阶段 3 年），但是并非所有国家都统一采取了该学制。此外，即使大多数国家 的本科教育已经使用欧洲学分转换和累积系统，由于学士学位课程需要获得 180~220 学分，各国在学位和学历等方面做到完全对等、兼容、可比较和互认，仍然需要进一步努力和合作。其次，本科课程的设置与开发如何能够适应社会的迅速变化以及满足劳动力市场的需求，是决定调优项目尤其是各国课程改革是否成功的关键。笔者于 2019 年 10 月 29 日对调优项目主要负责人罗伯特·瓦格纳（Robert Wagenaar）教授进行访谈时，瓦格纳教授也提到，一个学位项目及其相关科目如何最大限度地服务于学生的未来和社会需求，这意味着要对劳动力市场的动态、学科领域的当前发展、新兴的通信和技术创新等进行客观而认真的思考。学士学位课程开发最重要的是对应社会变化的需要，培养各行各业的领导者。同时，在课程内容中还需要包含个人发展、满足社会需要和训练学生具备应对社会变化的能力三个方面。瓦格纳教授指出，目前最大的挑战是无法满足社会需要，因为社会是不断变化的，未来无法预测得更多。[1]再次，按照《博洛尼亚宣言》以及其后的相关政治文件，尽管统一的欧洲高等教育区已经基本形成，但是负责高等教育的规划与运转等，依然是各国政府的主要责任，特别是各个国家要负责对高等教育的拨款。从本科课程的角度来看，一国的高等教育若要在培养国际化人才、服务于欧洲高等教育区或欧盟成员国的同时兼顾国家和地方政府的利益等方面做出贡献，需要解决的问题依然很多。最后，要在三年的本科教育阶段满足学者、教师、学生、毕业生未来可能就业的部门、政府以及其他利益相关者的需求，在保持欧洲大陆传统本科教育特色的同时，吸收外来的教育模式，设计开发出富有成效的本科课程体系，需要多方更多的合作与努力。

---

① 基于 2019 年 10 月 29 日在清华大学对罗伯特·瓦格纳教授访谈的内容整理而成。

四、结语

如上所述，本研究的发现主要包括以下几方面。

首先，欧洲大陆的本科课程模式虽然在某些方面吸收和借鉴了美国大学通识教育的理念，如重视学生的通用能力培养，强调学生主动积极参与学习等，但依然在很大程度上保留了自19世纪以来欧洲大陆的两大学术传统，即在综合性尤其是在研究型大学中既重视学术或基础研究也强调专业教育。可以说，欧洲大陆的学士学位课程尽管发生了结构性变化，但洪堡精神并没有完全消失。正是因为在坚持传统教育的基础上适应社会变化，进行相应的改革，欧盟主要国家才形成了独特的本科或学士学位课程体系。

其次，从调优项目和若干案例来看，欧洲大陆一流的研究型大学并没有通过开设专门的自由课程或通识教育课程培养本科生。高等教育实现专业化，满足不断变化的社会特别是劳动力市场的需要，培养学生的就业能力，同样是一流研究型大学本科阶段教育的核心目标。在某种意义上，大学毕业生是否具备多种能力，是否能够就业（在本国或欧盟成员国等），是衡量本科教育是否成功的重要指标。没有证据明确显示，学士学位课程开发或本科教育与建设一流大学之间存在直接和有机的内在逻辑关系。换言之，至少调优项目的目标不是为欧盟成员国建设世界一流大学提供服务，而是帮助各国优化本科课程结构，调整教学内容，培养具有多种能力的人力资源。

最后，本科课程的设计和开发不仅需要研究人员和大学教育者，还需要其他利益相关者的积极参与，例如雇主、学生、专业和行业团体、各级政府以及国际组织等。这是保证学士学位课程成功的重要前提条件之一。

｛原文刊载：黄福涛. 从洪堡精神到调优项目：欧盟主要国家的学士学位课程改革［J］. 清华大学教育研究，2020，41（05）：1-10.｝

（作者简介：黄福涛，日本广岛大学高等教育研究开发中心终身教授）

博洛尼亚进程视域下的
欧洲博士教育改革

欧洲博士教育正处在两大欧洲区域（欧洲高等教育区和欧洲研究区）的重叠部分。在布加勒斯特举行的欧洲高等教育区部长级会议上，博士教育的主要政策目标被定为"提高质量、透明度、就业率和流动性"。博士教育已经被看作在国际范围内衡量高等教育质量、大学地位和声誉的一个关键因素。具有博士学位的教职工比例、授予博士学位的数量、博士生入学数量被视为高等教育机构的声誉、质量和能否实施高质量研究的客观评价指标。

一、欧洲研究区的建立以及博士教育纳入三级学位的过程

在 2000 年，欧洲要建立欧洲研究区（ERA）的想法逐渐清晰。欧盟里斯本峰会的总统级决议指出："欧洲需要更多、更加训练有素的研究人员带来全世界最具竞争力和动力的知识经济。"[1]"欧洲研究区"见于书面文字是在《欧洲联盟运行条约（合并版本）》（TFEU）中。TFEU 第 179 条第 1 款指出："欧盟应该有强化科学和技术的基础目标，通过欧洲研究区实现研究者、科学知识和技术的自由流通，使欧洲研究区变为最具竞争力的研究区，依据条约的其他章节，推动所有我们认为必要的研究活动。"博士教育进入欧洲高等教育区的时间是 2003 年。实

---

① UNSIGNED. Lisbon Summit［EB/OL］.（2010-11-23）［2016-08-20］. http://www.bologna-berlin2003.de/pdf/PRESIDENCY_CONCLUSI ON_Lisbon.pdf.

际上,《柏林公报》超越了《索邦宣言》的本科—硕士两级结构,将博士教育纳入三级学位中。《柏林公报》还将博士教育作为三级教育中最有价值的部分,同时承认它基础性的、不可缺少的特征:"研究的训练"。2005 年《卑尔根公报》签署之后,欧盟开始关注博士教育,将它作为研究和创新的关键,关注它在促进经济的持续、公平等方面的影响。这一理念此后逐渐清晰。博士教育中的建设性建议、深层次问题和改革的具体措施已经出现在《卑尔根公报》中了。《卑尔根公报》中提到要根据"欧洲高等教育区资格框架"来设置三级学位,并且发展结构完整的博士教育;全日制的博士生学习年限统一为 3~4 年;大学应该特别关注博士生的就业,通过提供跨学科训练帮助博士生获得可迁移能力(如交流、团队工作、项目管理、掌管企业方面的能力);博士生保持双重身份,既作为学生,又作为早期的研究者;让更多的人参与博士教育。这是对博士教育体系结构的设计,同时也确定了博士教育在欧洲引领知识社会的中心角色和地位。

二、欧洲博士教育改革的推动力

除了欧洲高等教育区部长级会议,还有其他的国际组织、机构和利益相关者也在推动博士教育的改革中做出了贡献。

(一)欧洲大学协会及其博士教育委员会

欧洲大学协会(EUA)及其博士教育委员会提出了有关博士教育的角色和机构的反思,既对博士生培养过程提出了建议,即如何提升"研究的训练",也对如何提高"产品质量"提出了建议,即博士生作为创新者,如何获取科学和技术的转化能力。这些建议最终构成了"萨尔茨堡原则"(Salzburg Principles)和后来的"萨尔茨堡建议之二"(Salzburg Ⅱ Recommendations),这两个纲领性文件成为欧洲博士教育改革的基础。[①]

---

① EUROPEAN COMMISSION. Exploration of the Implementation of the Principles for Innovative Doctoral Training in Europe(Final Report)[R/OL].(2013–07–10)[2016–08–20]. http://ec.europa.eu/euraxess/pdf/research_policies/IDT%20Final%20Report%20FINAL.pdf.

"萨尔茨堡原则"提出了改革博士生培养的十项基本原则：①博士教育的核心要素是通过原创的研究来创新知识。同时，博士教育必须满足劳动力市场的需要，而不仅是学术领域的需要。②大学作为机构，应该确保它所提供的博士教育和研究训练能够满足新的挑战，包括提供合适的个人职业发展机会。③丰富多样的欧洲博士教育（包括联合学位）是一个优势，这个优势是以优良的质量和健全的实践为基础的。④博士生作为早期研究者，应该被当作专业人员，他们对于创新知识能够做出重要的贡献。⑤指导和评价是重要的。就博士生来说，指导和评价应该基于透明的协议框架。在协议框架中，博士生、导师和机构分别承担不同的责任。⑥博士教育应该利用欧洲各大学引入的不同培养方式的创新实践达到临界质量；同时，根据欧洲各国的实际情况，采取适合各国国情的措施，这些措施包括在许多国家建立研究生院，以及大学之间国际化、国家化或区域化的合作。⑦博士教育应该有一个合适的期限（全日制一般来说是3~4年）。⑧提升创新结构，迎接跨学科训练和可迁移能力发展的挑战。⑨促进流动。博士教育应该提供跨区域、跨学科和跨部门的流动，以及国际化的合作。在这种合作中，大学与其他合作者之间应该有合作的统一框架。⑩确保适当的资金。高质量博士教育的发展需要适当的和持续的资金保障。

"萨尔茨堡原则"实施之后的五年内，欧洲大学协会及其博士教育委员会组织了一系列研讨会，以探讨欧洲大学实施"萨尔茨堡原则"的水平。"萨尔茨堡原则"和"萨尔茨堡建议"成功地在许多张力之间达成了一种平衡。

（二）欧洲委员会

在2005年，欧洲委员会（EC）发布了两份文件，即《欧洲研究者宪章》（The European Charter for Researcher）和《招募研究者规则法典》（The Code of Conduct for the Recruitment of Researchers）。这两份文件表示，如果博士教育要有竞争力，必须做到：更加关注工作条件和博士生的训练；创建一套透明、公开和国际认可的录取和生涯发展体系；克服各种跨地域和跨部门的困难，促进同一机构不同部门之间的流动；博士生必须被视为专业人员，因为这是他们职业生涯的最初阶段。① 随后，欧洲委员会的欧洲研究区人力资源和流动促进工作组（SGHRM）提出了在欧洲研究区框架下的"创新博士教育的七条原则"（The Principles of Innovative Doctoral Training），即研究优异、质量保证、跨学科研究的选择、国际关系网、对工业和其他就业部门开放、可迁移能力的训练以及吸引人的研究环境（表 1）。这七条原则是基于"萨尔茨堡原则"和"萨尔茨堡建议"提出的。在七条原则中，特别强调三个"I"，即"国际化"（International）、"跨学科"（Interdisciplinary）和"跨部门"（Intersectorial）。

欧洲委员会特别指出，在实施"创新博士教育的七条原则"的过程中，欧洲博士培养机构主要的障碍来自经济条件，较低的博士生补贴迫使博士生只能选择非全日制的培养方案，或者放弃出国。在高等教育机构周围缺少知识密集型工业。一些国家现有的立法和认证标准不支持跨学科项目。在《贯彻七条原则的最终报告》（Final Report Implementation of IDT Principles）中，被调查机构的现状表明，七条原则的重要性并没有受到同等看待，研究优异、质量保证和吸引人的研究环境是基本原则，"三 I 原则"和可迁移能力的训练虽然也受重视，但只是被当作基本原则的补充。

表 1 "创新博士教育的七条原则"的实施状态、主要障碍和经验

原则	实施状态	主要障碍	成功经验
研究优异	1）研究优异是所有博士培养方案的主要目标； 2）在机构贯彻研究优异原则的过程中，普遍的做法是使用同行评议来保证质量	1）三年的学习期限内，博士生压力比较大； 2）博士生用于研究的时间和精力不足，低收入导致博士生只做兼职研究	1）轮换系统（Rotation System）：博士教育开始之前，博士生可以自己选择研究领域和导师，提高了研究的质量和成功的机会； 2）为博士候选人的个体发展设置个人经费； 3）论文由三位外部专家评审，他们是考试委员会的额外成员

① EUROPEAN COMMISSION. European Doctoral Programs in Light of EHEA and ERA［EB/OL］.（2015-09-16）［2016-08-20］. http://ec.europa.eu/euraxess/index.cfm/rights/brochure.

续表

原则	实施状态	主要障碍	成功经验
质量保证	1）建立博士生院已经非常普遍； 2）一些高教机构通过建立机构外的研究生院或博士生院将博士教育的责任中心化； 3）许多博士生院实施一系列的质量保证措施，包括课程评估、反馈面谈和导师评估	在博士训练中缺乏标准和原则	1）设置综合素质手册和博士学位期待声明； 2）创设一个科学协调员的职位，确保培养方案的质量； 3）培训导师
跨学科研究的选择	绝大多数机构都支持跨学科并为跨学科提供便利，一些机构在博士训练中调整结构促进跨学科。在其他机构，博士训练中的跨学科变得越来越自然。（如博士生研究跨学科课题，从其他学科中选择导师，等等。）研究领域和机构传统都会影响到跨学科	在少数国家，存在立法和认证标准不支持跨学科、学习项目只能被一个独立的学科认证的情况	1）设立跨学科专业； 2）在博士教育开始之前，学生在不同的学科领域流转； 3）在机构层面设置跨学科的研究经费； 4）博士生院中不仅有单一学科，而且允许来自不同研究领域的博士候选人和导师相互交流； 5）建立跨学科指导委员会； 6）订制课程项目：博士生能根据自己的兴趣来选择课程，也允许从其他学科中选择课程
国际关系网	1）国际关系网通过欧盟的流动项目（例如"玛丽·斯克沃多夫斯卡-居里行动""伊拉斯谟计划"等）来实现； 2）采取多种形式建立国际关系网：学术旅行、参加国际会议、选派访问学者/访学学生、设置联合学位或联合培养博士等	1）经费短缺阻碍博士生出国； 2）一些学生认为在认可联合学位和学分时有大量的管理工作和困难； 3）已定居或已结婚的博士很少流动	1）设置专门的国际流动经费； 2）博士考试委员会中有国外成员的参与； 3）设置联合学位，联合培养博士生
对工业和其他就业部门开放	对工业和其他就业部门开放是七条原则中最难贯彻的。机构类型、机构的传统和研究领域是重要的影响因素。例如，工程、医学或法律等学科，工作特异性比较高；而像社会科学或艺术学、人类学等学科，工作的特异性比较低	1）在高等教育机构周围缺少知识密集型工业； 2）工业部门没有充分地做好接纳博士生的准备； 3）开放程度取决于导师的人际关系； 4）研究合作的传统：大学更多地与基础研究部门合作	1）建立科技园或科技孵化器； 2）建立为创新和企业培训服务的"创新研究院"； 3）聘请学术领域以外的导师参与博士委员会； 4）博士生在博士学位完成时准备一份在学术领域以外的工作计划； 5）为工学博士或与工业合作的学科提供特别经费计划

续表

原则	实施状态	主要障碍	成功经验
可迁移能力的训练	可迁移能力训练是非常普遍的，通常是在博士训练以外通过选修课程的形式获得的	1）一个挑战是在研究优异的原则下，平衡可迁移能力的训练和为学术部门做准备的训练； 2）在一些可迁移能力不太明确的博士课程中，博士候选人是否能够获得可迁移能力取决于导师的付出和技能； 3）有关可迁移能力培训的课程信息不能很好地传播，有时不是使用英语	1）为可迁移能力的训练提供专项经费； 2）结构性经费被用来发展可迁移能力； 3）组建由6~7人组成的讨论组，来讨论博士候选人在博士训练期间和撰写论文过程中的成就，以帮助他们为博士教育之后的生活做准备
吸引人的研究环境	工作环境和工作条件被认为是研究质量的重要因素。能否贯彻这条原则受到一个国家历史和经济背景的影响	1）一些机构的薪俸很低，一些机构有着相对繁重的教学工作量； 2）缺少经费导致博士候选人难以进入工作室，缺少电脑、图书和科研期刊等	通过宪章或法典赋予博士生相应的权利

资料来源：EUROPEAN COMMISSION. Exploration of the Implementation of the Principles for Innovative Doctoral Training in Europe（Final Report）［EB/OL］http://ec.europa.eu/euraxess/pdf/research_policies/IDT%20Final%20Report%20FINAL.pdf.

（三）欧洲高等教育区部长级会议及《布加勒斯特公报》

2012年，欧洲高等教育区部长级会议发布了《布加勒斯特公报》，重申需要在欧洲高等教育区实现学术学位的自动认可，并提出了2015年的战略目标的四个方面：质量、透明度、就业率和流动性。博洛尼亚后续工作组（BFUG）决定发展《布加勒斯特公报》的政策建议，在2012年8月建立了第三级学位后续工作组（WG Ⅲ Cycle），作为结构改革工作组（SRWG）的分支机构。这个后续工作组的任务是规划第三级学位并且构想政策建议，包括在第三级学位中提升质量、透明度、就业率和流动性，促进第二级和第三级学位之间的过渡，加强教育和研究的联系，等等。后续工作组还被要求制定出与第三级学位相关的政策，例如为第三级教育提供持续的经费支持，或是博士生入学后的实践机会。第三级学位后续工作组在 2014 年夏季向结构改革工作组公布了报告。报告包括贯彻"萨尔茨堡原则"和"创新博士教育的七条原则"，总结博士训练的一些主要进展，特别是为高教机构在结构性训练、向私立部门公开、就业、流动和国际化等方面提出了战略构想。报告讨论了在博士教育阶段通过透明的工具和质量保证引入资格框架的成就，并分析了机构、国家和欧洲层面在博士教育的创新、就业率、国际化和流动性方面已经取得的成就和政策影响。

（四）欧洲博士理事会

欧洲博士理事会（The European Council of Doctoral Candidates and Junior Researchers，EURODOC）成立于 2002 年 2 月 2 日，总部在比利时的布鲁塞尔。它是一个国际组织，代表 32 个国家的博士候选人以及青年研究者。欧洲博士理事会的职责有两方面：提升青年研究者的工作条件，以及促进高等教育和研究的质量。[1] 欧洲博士理事会每年都会对成员国博士教育的现状进行调查。2011 年，该理事会发布了一份研究报告:《欧洲博士理事会调查》。这份报告调查了 8900 名博士候选人。调查的参与者包括各种类型的研究者，他们有的已经获得学位，有的正在攻读学位。被调查的博士来自 12 个国家，分别是奥地利、比利时、克罗地亚、芬兰、法国、德国、挪威、葡萄牙、斯洛文尼亚、西班牙、瑞典和荷兰。调查内容包括 77 个问题，如资格要求、生涯轨迹、经费计划、训练和指导方式、工作条件、流动和科研工作的结果。

---

[1] EURODOC. Eurodoc Mission and Vision Statement［EB/OL］.（2015-09-16）［2016-08-20］http://eurodoc.net/wp-content/uploads/2012/07/Eurodocmi-ssion-statement-4.pdf.

三、欧洲博士教育改革的具体表现

（一）建立博士生院：从碎片化到结构化的改革

博士教育走向结构化最明显的特征是博士生院的建立。博士生院围绕特定的学科、研究主题或跨学科领域组织起来，是项目导向的，以建立研究小组或研究网络为组织形式，包括机构以及彼此间的组织合作。[①] 在最近 10 年，许多高等教育机构都在博士教育的组织上进行了重要的结构调整。尤其是为了应对经费和组织的压力，博洛尼亚进程新标准的出现引发的一个趋势就是建立博士生院。目前，德国、法国、英国、意大利等国家都专门成立了博士生院。博士生院将之前分化的博士教育整合，统一管理博士生的招生、指导、考试、评价和论文答辩等，使学科间合作和跨学科能力的获取变得更为便利，并在研究环境、科研训练、监控和咨询方面给予更好的支持。意大利在 2001 年才正式实施博洛尼亚进程。意大利的博士教育在过去基本是碎片化的。在 2006—2007 学年，意大利有 2241 种名称不同的博士课程，但是只有 30 种课程能够有 100 名以上的博士生。在这种情况下，博士生院出现了。意大利建立博士生院的主要目的，一是使博士教育有必要的规模来运作，二是保证跨学科合作和部门内的协调更便利，三是通过与经济和产业系统的密切合作来为博士生提供更多的就业机会。

（二）引入调整工具：从"学科守门人"到标准化的改革

欧洲博士教育的传统模式是一种"硕士—学徒模式"。在许多国家，一位导师接收博士生，指导他通过研究来完成并发表论文，参加公开辩论，以获得学位。这种模式下的博士教育旨在培养"学科守门人"，其目标是再生产或持续发展某一导师的研究兴趣和特长。这种模式已经不能满足今天社会的需

---

① EUROPEAN UNIVERSITY ASSOCIATION. Doctoral Programmes in Europe's Universities: Achievements and Challenges [R]. Brussels: EUA Publication, 2007-09-10.

要了。"在某些情况下，这种单一的政策目标无法满足学生和雇主的期望。随后，政府、资助机构和高等教育机构开始质疑博士教育的本质。"①欧洲研究区所期望达成的"学习型社会"的目标需要更多接受高水平教育的人，他们对于科学领域有一个广泛的了解，他们有创造精神，在多种环境中都能做到积极主动。"都柏林指标"（Dublin Descriptors）和"资格框架"（Quality Framework）已经清晰地描述了这些目标，但具体实现还需要通过"调整进程"（Tuning Process）。调整基于这样的理念，即从关注投入（input-based）到关注产出（out-based），中心思想是依靠标准的改革来提升高等教育机构的可比性、兼容性和透明性。调整工具包括五条原则：一般能力、学科特殊能力、计算学生和学习者的工作量、教与学的评价方式和标准、质量。协商也是调整进程中的关键步骤。协商涉及大规模的博士生、毕业生、学术人员和雇主，通过使用在线问卷，他们将一般能力和学科特殊能力按照1—4级重要程度进行选择。

（三）调整师生关系：从师徒制到规范化的改革

欧洲博士教育改革的另一个典型表现就是在博士训练的早期，博士生与导师之间建立起了一种结构性的师生关系，这种关系一般通过正式协议确立。在许多国家，博士生、导师和学校需要共同签署一份协议。正式协议会界定博士生和导师各自的角色，详细明确各方的权利和义务、培养方式、资助方式、评价和监督，以及享有的社会福利等方面。在博士教育改革之前，欧洲各国对于导师和博士生的比例没有明确的标准，更多是基于机构能力以及博士生导师的个人能力，招生数量受到高教机构、教师群体或博士生院的监管。但在博士教育改革的过程中，一些国家（如捷克、塞尔维亚、斯洛伐克和罗马尼亚）的立法会设置了师生比例的最小值。保加利亚的一些机构还成立了委员会来检查博士生数量，通过认证导师的所有活动（包括指导中的研究

---

① PARK C. New Variant PhD：The Changing Nature of The Doctorate in the UK ［J］. Journal of Higher Education Policy and Management，2005，27（2）：189–207.

项目数量、管理职责等）来监管导师与博士生的比例。奥地利的科学和技术部则实现了有效的配合。科学和技术部在博士训练之前建立了一个轮换系统来加强跨学科合作，同时支持博士生对研究团队和研究课题的充分选择。博士生有机会提前感受一下研究，并决定自己想要攻读哪个专业、接受谁的指导。博士生与导师提前相互了解，从而保证了研究的质量，增加了研究成功的机会。

（四）重视国际化、跨学科和跨部门：从单一到多元的改革

跨学科在博士训练的教学和研究中体现为不同的形式。最普遍的是博士生完成跨学科研究项目。他们在课程学习中也可以从不同的学科中选择课程和训练。一些博士生还从不同的学科中选择导师。如土耳其的中东技术大学和葡萄牙的波尔图大学，这些机构设立了独特的跨学科博士项目。在中东技术大学，每一个博士生院提供许多跨学科项目，一些博士跨学科项目由于联合了不同的学科，所以是独特的，博士生也能在研究项目中采用跨学科方法。在波尔图大学，93 个博士项目中有 20 个是跨学科的。跨学科也是斯洛文尼亚的卢布尔雅那大学博士教育的核心。在这所大学的博士训练中，教学和研究都是跨学科的，学生可以从较大范围内选择不同的课程，导师组和研究项目都可以是跨学科的。推动跨学科也为机构间和机构内部的合作做出了贡献。在大多数欧洲国家，博士教育传统上是为学术领域做准备，而在学术领域以外的劳动力市场就业是近十年新的需求。为了满足这一需要，许多国家在博士生训练和培养过程中就着意与非学术部门合作。如爱尔兰的都柏林大学提供企业训练，博士生与工业领域的企业和非政府组织合作。英国的诺丁汉大学通过吸纳来自工业领域的导师，来实现大学与学术外部门的联合，而这些导师也能成为博士指导委员会的一员。葡萄牙的波尔图大学与工业企业合作，组织了许多职业介绍会。波尔图大学还与企业及其他大学合作，设立了一个博士培养项目，由国家资助。

四、欧洲博士教育改革面临的困难

（一）有限的资金限制了研究优异原则的实施

妨害研究优异原则的最大因素就是有限的资金。有限的资金对于提供一个吸引人的研究环境来说是一种挑战，这样的环境包括提供给博士生充足的经费、更新研究的基础设施、任命顶级科学家来领导吸引人的研究团队，以及吸引优秀的博士生。对于机构来说，缺少经费一方面很难吸引优秀的学生；另一方面，许多博士生为了满足自身的生活花费，选择在课余时间工作，这样他们就不会将全部时间投入博士阶段的学习和研究。如罗马尼亚的布加勒斯特大学，研究优异原则受到博士生较低薪俸的威胁。许多博士生需要在研究活动以外从事工作来支撑自己的生活。这些学生可能只投入极少的时间关注自己的研究。较低的薪俸也使高教机构难以为博士教育吸引优秀的学生。许多学生选择去欧洲以外学习。

（二）有限的时间阻碍了其他能力的获取

欧洲一些国家（例如，法国、意大利、斯洛伐克和罗马尼亚）已经设置了博士教育三年的学习期限。许多博士生和导师认为用三年的时间既完成研究又进行其他活动是有困难的。除了研究活动，博士生也被要求参与可迁移能力的训练、在实验室或系里担任其他职责（包括研究项目的监管、教学、监督和学生社团工作）。这些活动对于保证研究的优异质量并在三年内完成博士论文来说，是一个挑战。一些博士生认为他们在博士学习期间有太多的工作压力。与此同时，有限的时间对于可迁移能力的获取造成了障碍。例如，爱尔兰的高教机构发现在博士课程中增加研究以外的活动是比较困难的。而且，为研究而进行的训练是强制性的，可迁移能力的训练却并不是强制性的。博士生们也感觉没有必要在博士训练期间为非学术环境做准备，因为他们还是希望在学术领域工作。

随着欧洲博洛尼亚进程的深入推进，博士教育的定义和目标都在变化，今后博士学位也许仍是一个研究性的学位，也许会逐渐由非学术性的劳动力市场来进行认证。尽管欧洲博士教育改革轰轰烈烈，但是博洛尼亚进程参与国的学者和大学对博士教育是否使用欧洲学分转换和累积体系（ECTS）都达不成一致意见，甚至有学者表示在欧洲"学分是否应该用于博士阶段值得进一步探讨"。可以预见，今后欧洲博士生教育和"研究的训练"已经不再被视为"闲逸的好奇"之下对知识无偏见的追求，不再仅由教授和院系负责，而是成了政策制定的目标，上升到全国乃至国际层面。

｛原文刊载：白玫. 博洛尼亚进程视域下的欧洲博士教育改革［J］. 现代教育管理，2017（11）：107-112.｝

（作者简介：白玫，河北师范大学教育学院副院长，教授，博士生导师）

欧盟创业能力框架：创业教育
行动新指南

创业教育是世界高等教育改革与发展的重要议题，它应以培养与发展学生的创业能力为己任。然而，究竟什么是创业能力，其关键领域和要素是什么？创业能力的习得是否具有层级性？创业能力的预期学习效果表现在哪些方面？我们如何知晓学生是否具备了创业能力？对这些问题的探究是科学地开展创业教育的基础和前提。2016年6月，欧盟发布的《创业能力框架》[①]是国际创业教育研究和实践里程碑式的成果。该框架通过定量和定性相结合的混合研究法，确定了创业能力的概念，构建了由3个领域和15项要素组成的创业能力观念模型，开发了8个层次的创业能力学习进阶模型，确定了60个创业能力观测点并编制了442条创业能力学习效果。这为我们更深刻地理解创业能力提供了研究依据。

一、欧盟创业能力框架的政策背景

创新与创业已成为全球化知识经济时代的主旋律。近年来，美国、欧洲各国和联合国贸易与发展委员会等国家和组织相继出台一系列法案和报告，将创新创业作为社会和经济发展的战略选择和政策重点。多年来，培养欧洲

---

① EUROPEAN COMMISSION JOINT RESEARCH CENTRE. EntreComp：The Entrepreneurship Competence Framework［EB/OL］.（2016–06–01）［2016–06–20］. http://ec.europa.eu/jrc/entrecomp.

公民的创业能力一直是欧盟政策的核心目标之一。人们越来越意识到创业知识、技能和态度能够习得，并能促进创业意识和创业文化的发展，从而整体上造福个人和社会。

早在 2003 年，欧盟就意识到创业教育的重要性，并发布了《欧洲创业绿皮书》。①2006 年，欧盟提出了在知识经济社会中公民必备的 8 项关键能力，其中"自主意识与创业能力"被列为其一。② 随后，欧盟发布了一系列报告，如 2008 年的《欧洲小企业行为》③、2012 年的《重新思考教育公报》④、2013 年的《创业行动计划 2020》⑤。这些报告极为重视创业在当代社会的特殊价值，强调通过创业教育和创业学习来实现其价值，这引发了欧盟国家诸多的创业教育改革。

为应对欧洲当前面临的技能挑战，欧盟委员会于 2016 年 6 月发布《欧洲新技能议程：携手共进，提升人力资本、可雇佣性和竞争力》报告。⑥该报告的目的是确保欧洲公民获得个人发展、融入社会和就业的一系列关键能力。这些能力除了人文素养、数字计算能力、科学和外语技能，更多地包含数据能力、创业能力、批判性思维、问题解决和学会学习等可迁移能力（Transversal Skills），也就是我们理解的"软"技能。因此，创业能力对欧洲公民的重要性可见一斑。

尽管人们对创业能力的培养保持着较高的兴趣，但从 2006 年欧盟提出"终身学习的 8 项关键能力"之后，欧洲国家对创业能力的本质特征和关键要

---

① EUROPEAN COMMISSION. Green Paper Entrepreneurship in Europe［R］. Brussels：COM，2003：27.

② EUROPEAN PARLIAMENT AND THE COUNCIL. Recommendation of the European Parliament and the Council of 18 December 2006 on Key Competences for Lifelong Learning［J］. Brussels：Official Journal of the European Union，2006，30（12）：2006.

③ EUROPEAN COMMISSION. Think Small First — A Small Business Act for Europe［R］. Brussels：COM，2008：394.

④ EUROPEAN COMMISSION. Rethink Education：Investing in Skills for Better Socio-economic Outcomes［R］. Brussels：COM，2012：669.

⑤ EUROPEAN COMMISSION. Entrepreneurship 2020 Action Plan［R］. Brussels：COM，2013：795.

⑥ EUROPEAN COMMISSION. A New Skills Agenda for Europe［EB/OL］.（2016–06–01）［2016–06–20］. http://e.europa.eu/index_en.htm.

素没有形成一致的理解。正如欧律狄刻网络联盟发布的报告《学校的创业教育》指出的，欧洲有将近一半的国家使用欧盟对"创业"的定义，有 1/3 的国家使用本国的定义，还有 10 个国家对"创业"没有统一的定义；该报告还进一步指出，目前缺乏对创业教育学习效果的综合界定，这已成为推进创业教育的一大障碍。[①] 因此，对创业能力进行定义和描述，开发创业能力在知识、技能和态度层面的参考框架，就显得尤为必要，这将为欧盟培养学生的创业能力和评估创业教育的有效性提供科学的工具。

在上述背景下，欧盟近年来致力于开发创业能力框架，以期在欧盟范围内促进学生创业能力的培养。由欧盟委员会联合研究中心代表欧盟就业与社会事务总理事发表的欧盟《创业能力框架》便是其最新的研究成果。该框架将创业能力视为可迁移能力，从定义与内涵、创业能力领域、具体的能力要素、学习进阶、学习效果等方面构建了"创业作为一种能力"的框架。

二、欧盟创业能力框架的观念模型

欧盟致力于建立一个共同的创业能力参考框架，以培养公民积极参与社会活动的能力、管理自己生活和职业生涯的能力，从事能创造价值的创新活动。因此，科学界定创业能力的内涵就成为开发创业能力框架的基石。

欧盟创业能力框架将创业视为个体和组织的一种可迁移能力，可迁移的范围覆盖生活中的所有方面，包括个体当前服务的组织。该框架采用的"创业"定义是："创业就是你对机会和想法有所行动，并将这样的行动转化到他人的价值中。"[②] 该定义聚焦于价值创造，无论该价值属于什么类型和背景。这里的价值覆盖私人部门、公共部门和第三部门，或者是这三个部门的集合。因

---

① EUROPEAN COMMISSION, EACEA, EURYDICE. Entrepreneurship Education at School in Europe［R］. Luxembourg：Publications Office of the European Union, 2016：1.

② MOBERG K, STENBERG E, VESTERGAARD L. Impact of Entrepreneurship Education in Denmark［J］. Odense：The Danish Foundation for Entrepreneurship — Young Enterprise, 2012.

此，这里的"创业"是广义的概念，不仅包括自主创业和开办公司，而且包括企业内部岗位创业、社会创业、绿色创业和数字创业等多种类型的创业。可见，创业教育的目的不仅仅是培养创业者和解决就业问题这么狭隘，而是培养学生提出新想法并实现想法的能力。

欧盟开发的创业能力模型主要由两个维度构成。第一维度是创业能力的领域，它是根据"创业"的定义而设，体现了"将想法付诸能为自己和他人带来价值的行动"这一理念。框架中区分了三个领域——想法与机会、资源、行动，强调个体通过调动资源将想法和机会转化为行动的过程。这里的资源可以是个人的（如自我意识和效能感、动机、毅力等），也可以是物质的（如生产工具、财力资源等），还可以是非物质的（如特定的知识、技能和态度）。这三个领域紧密交织，创业能力综合地体现了上述三方面。创业能力究竟涵盖哪些能力？这是欧盟创业能力框架第二个维度要解决的问题。该框架定义了15种具体的创业能力，它们是构建创业"大厦"所需的"砖块"。这些能力相互关联，每一种能力都是整体能力中的有机组成部分。此外，框架还为学习者提供了将能力应用于实践的提示，并描述了每种能力的内涵。欧盟创业能力框架的观念模型如表1所示。

观念模型列出了创业能力框架的3个领域和15种具体能力，并给出了提示和主要观测点予以说明。需要注意的是，能力领域和具体能力之间没有明确的界线；虽然每种能力可能会涉及不同的领域，但该框架根据能力的主要特征将它归入一个领域。例如，尽管"创新"牵涉资源利用和将想法付诸行动、形成价值的能力，但该框架仍然将"创新"归入"想法与机会"领域。值得指出的是，该表中能力的先后顺序并不代表这些能力在学习过程中的次序要求。也就是说，该框架不设定核心能力，并没有哪种能力应当先获得，也没有哪种能力比其他能力更重要。

表 1 欧盟创业能力框架的观念模型

领域	能力	内涵	主要观测点
想法与机会	识别机会	利用想象和能力识别能创造价值的机会	识别、创造和抓住机会,关注挑战,确定需求,分析背景
	创新	产生创新的和有目的性的想法	好奇心和开放思维,提出想法,定义问题,设计价值,具有创意
	具有愿景	为未来的目标而工作	想象,战略性地思考,指导行动
	评估想法	充分利用想法和机会	识别想法的价值,分享和保护想法
	具有伦理观并可持续地思考	评估想法、机会和行为的结果和影响	行为具有道德,可持续地思考,评估影响,具有责任心
资源	自我意识和效能感	相信自己、持续发展	坚定志向,识别自我优缺点,相信自我能力,分享未来
	动机和毅力	保持专注、不放弃	有驱动力,意志坚定,关注潜在动力,有弹性,不放弃
	调动资源	收集和管理所需的资源	管理物质和非物质资源,负责地使用资源,充分利用时间,获得支持
	金融和经济素养	寻求融资和具有经济能力的诀窍	理解经济和财务概念,预算,寻求资助,理解税收
	动员他人	激励、吸引他人加入行动	激励与被激励,说服他人,有效沟通,有效使用媒体
行动	采取主动	主动去做	承担责任,独立工作,采取行动
	计划和管理	确定优先级,制订计划,规划后续流程	定义目标,计划与组织,开发可持续的商业机会,确定优先级,监管进程,灵活地适应变化
	处理不确定性、模糊性和风险	在不确定、模糊和有风险的情况下做决策	应对不确定性和模糊性,测算风险,管理风险
	和他人一起工作	团队合作与沟通	接受多样化(他人的不同),培养情商,积极地倾听,团队工作,合作工作,扩展人际网络
	通过经验学习	在做中学	反思,学会学习,从经验中学习

资料来源:EUROPEAN COMMISSION JOINT RESEARCH CENTRE. EntreComp: The Entrepreneurship Competence Framework[EB/OL].(2016–06–20)[2017–01–15]. http://ec.europa.eu/jrc/entrecomp. 略有改编。

三、欧盟创业能力框架的进阶模型

欧盟创业能力框架界定的创业能力非常全面，是综合性的，但是高校究竟需要在多大程度上培养学生的这些能力？其实，欧盟联合研究院已指出，创业能力框架只是一个参考的基准，并不是所有的学生都需要在每一种能力上获得最高层次的发展。换句话说，高校应根据这个能力框架并结合教育背景来制定校本能力标准。

为了使创业能力框架满足不同层级的机构和学生的需求，欧盟开发了创业能力框架的进阶模型，作为欧盟创业能力框架的有机组成部分。该模型将创业学习划分为四个等级——基础、中级、高级和专家，并定义了每个等级的功能和要求。同时，该模型由低到高定义了创业学习熟练度的8个层级的特征：发现、探索、试验、挑战、改进、加强、扩展和转变，并描述了其具体要求（表2）。

表2 欧盟创业能力框架的进阶模型

等级	基础		中级		高级		专家	
要求	依靠他人支持		确立自主性		承担责任		推动转变、创新和成长	
内涵	在教师、同伴、导师、顾问的直接指导下	外界指导减少，有一些自主性，和同伴合作	自主地和同伴合作	承担或分担部分责任	提供一些指导，和他人合作	对决策和合作承担责任	对特定领域的综合发展做出贡献并承担责任	对特定领域的发展做出实质性的贡献
层级	发现	探索	试验	挑战	改进	加强	扩展	转变
要求	1级：发现自我特质、潜力、兴趣和愿望，也关注、识别并能创新性地解决不同类型的问题，培养个人技能和态度	2级：探索解决问题的不同方法，聚焦多样性，培养社会技能和态度	3级：具有批判性思维并对创新价值开展试验，如通过创业实践来体验	4级：在真实的生活情境中将想法转化为行动并承担责任	5级：将想法转化为行动而提升技能，为创造价值而承担更大责任	6级：与他人合作，利用自己掌握的知识产生价值，应对越来越复杂的挑战	7级：运用所需能力应对复杂挑战，在具有高度不确定性的、持续变化的环境中处理问题	8级：通过获取新知识应对新出现的挑战，通过提高研究与创新能力，追求卓越并转变做事的方式

资料来源：EUROPEAN COMMISSION JOINT RESEARCH CENTRE. EntreComp：The Entrepreneurship Competence Framework[EB/OL].(2016-06-20)[2017-01-15].http://ec.europa.eu/jrc/entrecomp.略有改编。

从表 2 中的具体内容可以看出，欧盟创业能力框架的进阶模型并不是为了展现一个线性的学习顺序，也不意味着开展创业教育就得让每位学生都成为高效的创业者或开办自己的公司。由此，学生并不需要对所有能力都有相同熟练程度的掌握，而是可以个性化地设定自我目标。

该进阶模型清晰地传递了这样一种信号：创业能力的不同程度是有界限的，并且是可以向更高水平发展的，学生对价值创新活动的投入度越高，获得的创业能力也越强。创业能力的学习既可以通过外部支持实现价值（如基础层次），也可通过转变和创新实现价值（如专家层次）。

四、欧盟创业能力框架的学习效果

学习效果是关于学习者在完成学习后知道什么、理解什么和能做什么的表述[1]，这些表述能为教育设计和课程开发提供指南，也能为评估教育的法律责任和专业责任提供有价值的参考。创业教育很难预先设定具体的学习效果，因为创业活动涉及的价值创造无法先于创业学习过程而存在，它只能在学习过程中产生。即便如此，学生的学习效果对创业教育而言也至关重要。

欧盟创业能力框架针对每一领域的创业能力界定了主要观测点，同时以第一人称描述了该观测点在 8 个层级中的预期效果，形成了创业能力框架的学习效果指标。例如，"想法与机会"领域中的一个能力是"识别机会"，它由 4 个观测点组成，每个观测点对应着层次递进的 8 项要求（表 3）。

全面、细致的学习效果指标使得欧盟创业能力框架科学合理、可操作性强。这些学习效果指标可用于高校开发创业教育的正式课程，也可用于设计非正式的创业学习活动，以培养学生的岗位创业能力。此外，该指标还可指导高校教师设计有效的创业学习所需的教学法、教学评价，创设学习环境。

---

① CEDEFOP. The Shift to Learning Outcomes, Policies and Practices in Europe, Cedefop Reference Series[R]. Luxembourg: Office for Official Publications of the European Communities, 2009: 1.

表 3 欧盟创业能力框架的学习效果指标（节选）

领域	能力	观测点	基础		中级		高级		专家	
			1级	2级	3级	4级	5级	6级	7级	8级
想法与机会	识别机会	识别、创造和抓住机会	我能发现机会去帮助别人	我能识别机会并在我的社会网络中创造价值	我能解释机会为什么能创造价值	我能提前寻求机会创造价值	我能描述不同的分析方法以识别创业机会	我能运用我理解的知识和背景将机会转化为价值	我能为创造价值评估机会，决定是否在不同层面采取行动	我能识别并快速地利用机会
		关注挑战	我能发现需要应对的不同挑战	我能识别问题并致力于解决	我能以不同的方式识别机会并解决问题	我能重新定义挑战以使机会出现	我能拆分已有实践、挑战主流观点以创造机会并用不同视角看待挑战	我能判断合适的时机，利用机会创造价值	我能聚集不同机会或在不同机会中寻求协同并加以利用	我能在自己保持竞争性优势的领域界定机会
		确定需求	我能发现解决特定问题的受益人群	我能识别我所处环境中尚未满足的需求	我能解释不同群体可能具有的不同需求	我能培养用户和需求群体，我希望通过价值创新解决问题	我能对利益相关者的需求进行分析	我能识别那些形成对比的需求及不同利益相关者的兴趣	我能确定满足需求的行动路径，以帮助我创造价值	我能设计满足未来需求的项目
		分析背景	我能识别能创造价值的家庭、社区、经济与社会等不同领域	我能识别公共部门、私人部门和第三部门在地区和全国发挥的不同作用	我能区别创造价值的不同背景，如社区、信息网络、已有组织和市场等	我能识别自身、社会和专业的机会，能在已有组织或新公司中创造价值	我能识别与我个人或团队相关的价值创造活动的系统边界	我能通过整体的方法分析现有的价值创造活动并寻求机会做出进一步发展	我能监控到相关的趋势，预见如何创造新领域和新机会以产生价值	我能促进我的组织开放地捕捉微弱的变化信号，并领导组织抓住创造价值的机会

资料来源：EUROPEAN COMMISSION JOINT RESEARCH CENTRE. EntreComp: The Entrepreneurship Competence Framework［EB/OL］.（2016－06－20）［2017－01－15］. http://ec.europa.eu/jrc/entrecomp. 有改编。

值得指出的是，尽管欧盟创业能力框架中的学习效果指标绝大多数是用第一人称表述的，但这并不意味着创业能力仅仅指个人的能力。相反，欧盟创业能力框架特别强调创业学习和行为的主体除了个人，也可以是小组、项目团队、非营利组织、公司、公共机构或社会团体。可见，欧盟创业能力框架中的创业能力的主体范围宽泛。

同时，欧盟创业能力框架中的学习效果指标不应被视为可直接转换为实际学习活动的标准表述，也不应被作为检验学生表现的简单工具。该学习效果指标应当是考查具体学习效果的基础，因为任何层次的创业教育学习效果必须要符合特定的校本教育环境；也应当是进一步考量学生创业学习和发展情况的指南。

五、欧盟创业能力框架的特点及启示

欧盟创业能力框架提出了创业能力的观念模型、进阶模型和学习效果指标，为高校开展创业教育提供了宽领域、多层次、全方位的新指南。欧盟创业能力框架具有以下几方面的特点。

（一）该框架对"创业能力"的理解比较宽泛，具有综合性，为高校创业教育提供了新视角

该框架定义的创业不仅针对个人，也针对组织或团队；创业的形式包括自主创业、岗位创业、社会创业等多种类型；创业能力可适用于不同的教育背景、层次和群体；创业的结果指在私人、公共领域、第三部门或跨领域部门中实现价值创新。该框架特别强调创业能力是一种可迁移能力，对促进个人或组织发展、积极参与社会、高质量就业、自主创业等多个方面都具有价值。

受此启发，推动创业教育所带来的实际效果，绝非缓解就业压力这么简单、直接，也不只是短期效果。创业教育的本质是育人兴国，其目标是着力于培养具有开创性的人，培养大学生的首创精神、冒险精神、创业能力和创造性解决问题的本领，这对毕业生今后自主创业和岗位创新都具有重要意义。

（二）该框架对创业能力领域和具体能力的界定科学、合理，为高校反思创业教育目标提供了新参照系

该框架通过文献回顾、专家咨询、利益相关者调查和访谈等规范的研究方法，科学地将创业能力分为想法与机会、资源、行动三个领域，准确地体现了创业活动过程的内在规定性；在每个领域下界定的具体能力，也非常符合创业的基本属性，涵盖了创新精神、创业意识和创业行为的关键要素；对每种能力进行的提示和对主要观测点的描述，清晰地勾勒出创业能力的大致框架。

创业能力是由知识、技能和态度三个维度构成的综合体。高校创业教育的目标不能过于空泛，需要分解和细化为具体的能力。欧盟创业能力模型反映了创业能力领域的复杂性，具体的能力覆盖了我们日常生活的多个方面，是解释创业能力目标的起点，可作为高校设定创业教育目标的基本参照。

（三）该框架设计的多层次的能力学习进阶模型灵活性强，为高校开发模块化、渐进性的创业教育课程提供了新标准

欧盟创业能力框架不仅对创业能力进行了科学的分类和界定，还对创业能力达到的熟练度进行了区分，体现了该框架的灵活性和可操作性。创业能力进阶模型设置了基础、中级、高级和专家4个等级的要求，每个等级又细化为2个级别，并描述了各个级别的要求。从由低到高8个层级的核心关键词"发现""探索""试验""挑战""改进""加强""扩展""转变"中，我们可以准确地判断学生获得创业能力将达到的不同水平。

目前，大多数高校提供的创业课程和活动对学习者要求一致，并没有意识到能力培养的循序渐进性，这对不同学校、不同年级、不同专业甚至是不同创业学习需求的多元化学生群体而言的确是一大遗憾。创业能力的培养并非是约定俗成的，并非所有大学生都需要在同一层级上学习所有的创业能力，也没必要让学生在所有能力上都达到最高等级。欧盟创业能力进阶模型恰为高校开发分层次的创业课程或活动提供了可靠的依据和尺度。

（四）该框架编制的学习效果指标具有针对性和可操作性，为评估和测量大学生创业学习是否有效提供了新方法

欧盟创业能力框架的优势不仅在于其宏观和中观层面的综合性、科学性和灵活性，而且在于其微观层面学习效果指标的可操作性。该框架就 3 大领域 15 项能力的 60 个观测点形成 442 条学习效果指标，以学生第一人称"自我报告"的形式呈现，展现了创业能力培养的一系列预期结果。这为创业教师评价和测量学生的学习有效性、为学校评估创业课程的实施效果提供了新方法和工具。

任何教育改革的理念需要落实到学生的知识、技能和态度的转变中才能发挥价值，创业教育也应如此。我们不仅需要设定课程目标、总结学习经验，更需要知晓学生通过学习在多大程度上实现了预期目标。我国高校的创业教育须重视学生的学习效果，借鉴欧盟创业能力学习效果指标，开发符合校本实际的评价体系，以检验大学生学习创业的效果与预期目标的吻合度，从而科学地评估和提升我国高校创业教育的有效性。

｛原文刊载：崔军. 欧盟创业能力框架：创业教育行动新指南［J］. 比较教育研究，2017，39（01）：45-51.｝

（作者简介：崔军，南京师范大学教育科学学院教授）

特色篇

欧洲高等教育区学生流动的
政策体系与发展趋势

学生流动是当今国际高等教育发展中的热点议题，而欧洲高等教育区作为世界区域性高等教育学生流动的典范，在国际跨境学生流动的舞台上扮演着重要角色，深刻地影响着世界高等教育区的区域发展与合作。欧洲高等教育区是 1999 年博洛尼亚进程开启时便设立的主要目标，正式建成于 2010 年。作为近代欧洲高等教育改革的里程碑，欧洲高等教育区致力于构建更加兼容、可比和连贯的欧洲高等教育体系，它的建成宣告博洛尼亚进程迈入了新纪元。学生流动因其在促进教育资源整合、跨文化融合、语言多元化、社会兼容性与和平进程中的重要作用，自欧洲高等教育区建成之日起，一直是其标志性特征和核心改革内容。学生流动在推广欧洲高等教育资格框架、推进欧洲学分转换体系及三级学位体系、完善文凭补充制度的过程中及社会维度建设中发挥的关键作用，使其始终处于欧洲高等教育改革的核心。作为当今全球化进程的重要载体，学生流动在增进国际理解、增强跨文化融合与促进和平发展中扮演重要角色，成为增强欧洲内部凝聚力与提升外部竞争力的关键一环。

一、欧洲高等教育区学生流动的时代背景

学生流动之所以在欧洲高等教育区的建设中被置于重要地位，有着深层次的社会原因，与欧洲所处的时代境遇紧密相关。

（一）"欧盟2020战略"拉开的科技创新革命

全球金融危机对欧洲的重创暴露出欧洲政治经济综合体长期以来蓄积的深层次问题，体现为经济增长与就业创造力长期低迷、企业研发和创新投资结构欠佳等。2010年，欧盟通过了继"里斯本战略"（The Lisbon Strategy）之后的十年期发展规划，即"欧盟2020战略"（EU 2020 Strategy），力图建设智慧型、包容型及可持续的欧洲。[①]"欧盟2020战略"及"创新型联盟计划"（Innovation Union Program）等旗舰计划在开启新一轮科研创新竞赛的同时，更指明了教育的优先发展地位以及学生流动性在加强劳动力市场流动性、增强青年职业技能和国际化就业能力中的突出作用。

（二）"再工业化"驱动的欧洲产业结构转型

以"再工业化"为核心的产业结构调整带动的欧洲经济转型，亟待形成统一而开放的劳动力市场，加快人力和资本的流动。而劳动力市场的运行是受劳动力供求之间的关系、工人在不同部门和国家间的流动状况以及经济对环境变化的适应性等诸多因素影响的。实现劳动力市场人员及资源的自由流动，是再生产过程适应需求变化的重要机制。然而，欧洲劳动力市场在开放性和流动性方面的欠缺，制约了人员和资源的流动，欧洲内部市场劳动力流动始终处于较低水平。学生流动是实现欧洲劳动力自由流动、建立统一的劳动力市场的重要途径。

（三）"欧洲认同"建设下的文化融合

欧洲多语言、多民族和多宗教的传统，使得基于文化认同、"欧洲公民"身份认同以及民族认同的"欧洲认同"建设在欧洲一体化进程中至关重要。其中"欧洲公民"意识因其在欧洲安全防务、欧洲一体化合法性、欧盟东扩以

---

① EUROPEAN COMMISSION. Europe 2020：Commission Proposes New Economic Strategy in Europe [EB/OL]. （2016-11-20）[2016-11-20]. http://europa.eu/rapid/press-release_IP-10-225_en.html.

及缓和民族矛盾中的重要性,在《欧洲联盟条约》《欧洲经济共同体条约》和《里斯本条约》中都受到关注。《阿姆斯特丹条约》特别强调,应提高公民特别是占欧盟总人数 1/5 的青年的"欧洲公民"意识。而流动正是促进青年"欧洲认同"意识和文化融合的重要手段。

(四)由"充分就业"到"促进就业"的欧洲劳动力市场转型

自第二次世界大战后,欧洲依赖经济增长拉动就业的市场机制失灵,加之石油危机后雇佣量下降和劳动力过剩形成的供需失衡,欧洲的"充分就业"时代宣告终结。20 世纪 90 年代后,欧洲普遍用劳动力市场改革代替宏观手段来"促进就业"。而欧洲劳动力市场长期存在的劳动力成本较高、工资差别度偏低、公共就业比重差别较大、工作时数偏少等特点,使得高失业率已成欧洲常态,尤以青年失业最为严重。欧元区 2016 年平均失业率为 10%,西班牙、意大利等国的青年失业率超过 40%,法国、芬兰等国也超过 20%。而减少刚性、增强弹性的"积极的劳动力市场政策",其中一项便是通过促进青年劳动力市场的开放性和提升青年国际化就业技能来促进就业。

(五)基于资格与学历互认的"欧洲通行证"的普及

"欧洲通行证"是欧盟委员会教育与文化总司根据欧洲议会和欧盟理事会第"2241/2004/EG"号决议,于 2004 年推出的框架,旨在通过促进欧洲国家间高等教育及职业教育资格互认和人员流动,以提升公民个人技能和资格认可。"欧洲通行证"包含就业和培训中的资格有效认可,帮助雇主了解受聘者的技能和资格,帮助教育和培训机构确定及互认课程内容。[①] "欧洲通行证"包括"欧洲流动通行证"(Europass Mobility)、"欧洲文凭补充"(Diploma Supplement)、"欧洲证书补充"(Certificate Supplement)、"欧洲语言通行证"

---

① EUR-LEX. European Union Law. On a Single Community Framework for the Transparency of Qualifications and Competences (Europass)［EB/OL］.（2017-01-12）［2017-01-12］. http://eur-lex. europa.eu/legal-content/EN/TXT/?uri=celex:32004D2241.

（Language Passport）及"欧洲简历通行证"（Curriculum Vitae）五项内容，自2012 年正式实施后，所有持证的欧洲人都可在资格认可的框架内实现资源共享。该通行证的颁布是欧盟委员会在促进劳动力市场人员流动和职业资格认证方面颁布的单一资格框架，为欧洲学生流动奠定了重要基础。

二、欧洲高等教育区学生流动的政策体系

（一）欧洲高等教育区学生流动战略的制定

制定学生流动战略是欧洲促进学生流动的重要措施，而流动战略的制定主要涉及欧洲层面和国家层面。鉴于流动在欧洲高等教育区教育质量、学生就业能力及区内外跨境合作中发挥的关键作用，2012 年在布加勒斯特召开的博洛尼亚进程部长级会议上，欧洲各国教育部部长正式提出并通过《为好好学习而流动：欧洲高等教育区 2020 学生流动战略》[①]（以下简称《2020流动战略》）。作为欧洲高等教育区首个针对学生流动而出台的官方战略，《2020 流动战略》对各国学生流动推进工作提出了战略性的指导意见：一是号召成员国实施其各自的国际化与流动战略，出台明确而可量化的流动目标；二是动员各国以《鲁汶公报》提出的流动目标为基础制定流动目标；三是力争打造更加开放的高等教育体系和更加均衡的流动，鼓励成员国在同非欧洲高等教育区的国家之间进行学生流动时追求更加高质量而均衡的流动；四是通过质量保证和透明度工具来促进欧洲高等教育区域内外的高质量的学生流动；五是鼓励各国高等教育机构在博洛尼亚框架下制定灵活的流动政策等。随后，2013 年，欧洲三国代表倡议并制定《欧洲高等教育区流动与国际化行动准则》，成立了流动与国际化专案小组。其主要目的为：一是联合欧洲各国平衡欧洲国家与非欧洲国家间的流动，实现欧洲高等教育区《2020 流动战略》在欧洲层面及国家层面的推进；二是补充 2015 年部长

① European Ministers in Charge of Higher Education. Making the Most of Our Potential: Consolidating the European Higher Education Area–Bucharest Communiqué［R］. Bucharest: EHEA, 2012: 3.

级会议中有关学生流动的政策;三是协助国家层面上流动战略的实施;四是促进"全球化中的欧洲高等教育区"战略的评估以及欧洲高等教育区的国际化进程;五是推进同非欧洲高等教育区国家的政策对话。与此同时,欧洲高等教育区出台了针对"流动性与国际化进程规划"的补充框架——欧洲学生资助专家网络平台(Network of Experts on Student Support in Europe, NESSIE),以促进学生流动信息的交流,完善与学生流动相关的资助和贷款制度。①

在国家层面的学生流动战略制定方面,自 2012 年《2020 流动战略》出台后,各国教育部部长纷纷鼓励高校在博洛尼亚进程跟踪小组数据统计和国家报告的基础上,制定并实施本国的学生流动战略,重点关注院校层面学生流动的国际化程度。根据 2015 年欧洲 35 国的学生流动调查数据显示,60% 的区内国家有 50% 以上的高等教育机构制定或采纳了学生流动的国际化战略。在欧洲高等教育区内,按照制定或采纳了学生流动战略的机构数占全国高等教育机构总数的比例,划分为 6 个档次。其中,芬兰、挪威、冰岛等 11% 的国家中,所有高等教育机构都制定了学生流动战略;瑞典、爱尔兰、匈牙利等 17% 的国家中,该项比例为 76%~99%;西班牙、法国、德国、意大利等 34% 的国家中,该项比例为 51%~75%;奥地利、亚美尼亚等 6% 的国家中,制定了学生流动的国际化战略的高校的比例为 26%~50%;捷克、立陶宛、罗马尼亚等 26% 的国家中,该项比例为 1%~25%。在国家层面学生流动战略的推动下,许多国家出台了负责监管和评估学生流动的国家标准。例如,比利时的国际化指导工具"高等教育国际化准则"(Descripteurs d'internationalisation pour l'enseignement supérieur,DIES)目前由比利时政府和博洛尼亚进程专家组参与指导,旨在支持高等教育机构对其学生流动战略的实施、推进和效果评估。

---

① EHEA. Report of the 2012–2015 BFUG Working Group on Mobility and Internationalisation［R］. Paris: EHEA, 2015: 11.

（二）欧洲学生流动跟踪与监管体系的确立

在博洛尼亚进程的原有框架下，欧洲高等教育区学生流动是基于欧洲部长级会议，由博洛尼亚进程跟踪小组及其董事会和秘书处、各工作小组、研讨会共同监管与协作，由欧洲组织、成员国和高等教育机构合作推进的。欧洲大学联盟、欧洲高等教育机构联合会、欧洲国家学生联盟以及欧洲委员会作为博洛尼亚进程跟踪小组的咨询成员，将协助其推进学生流动的全面跟踪工作。鉴于流动对于欧洲高等教育区建设的重要性，博洛尼亚进程跟踪小组专门设立了博洛尼亚进程流动与国际化工作组，职责是推进《2020 流动战略》在欧洲层面和国家层面的实施，协助各国教育部部长汇报国家实施进展情况，并支持各国推进流动战略的实施，评估"全球化中的欧洲高等教育区"战略并深入推进欧洲高等教育区的国际化进程，开展与非欧洲高等教育区的国家间对话。[①] 在其协助下，欧洲高等教育区学生流动战略将在区域、国家、机构、社会等多方协作下开展。在国家层面，国家级的学生流动推进框架和监管平台纷纷出台。例如，法国推出"科研、创新与高等教育的国际化与欧洲化"（MEIRIES）框架，来确定欧洲及国家战略，协调高等教育、科研及创新领域的全球性战略与项目的实施。[②] 一些国家则专门设立学生流动推进项目和相关机构，最突出的典范是德国建立的为学生流动提供资助和项目的机构——德国学术交流服务处，它是目前欧洲乃至世界范围内最大的高等教育国际化机构。此外，还有荷兰高等教育国际交流协会、挪威高等教育国际合作中心、英国文化协会、芬兰国际流动中心、法国教育服务中心等。这些机构都在学生项目、资格认证及国际学生服务方面促进着国家层面高等教育领域的学生流动。国家级的机构和组织在推动"伊拉斯谟＋计划""伊拉斯谟计划""地平线欧洲"（2020 年）和

---

① EHEA. Working Group on Mobility and Internationalisation 2012–2015［EB/OL］.（2017–01–20）［2017–01–20］. http://www.ehea.info/cid105326/wg–mobility–and–internationalisation–2012–2015.html.
② MINISTERE DE L'EDUCATION NATIONALE，DE L'ENSEIGNEMENT SUPERIEUR ET DE LA RECHERCHE. Mission Europe et international pour la recherche, l'innovation et l'enseignement supérieur［EB/OL］.（2016–11–13）［2016–11–13］. http://www.education.gouv.fr/pid25535/bulletin_officiel.html? cid_bo = 81153.

"坦帕斯项目"等欧盟学生流动项目方面起着主导作用。

（三）欧洲学生流动质量保障体系的完善

高质量的学生流动是增强学生个体竞争力、获得知识储备和技能等教育目标实现的关键。高质量的学生流动被纳入各类政策文件中，它关乎学生各项综合素质的个体进步，包括包容性、跨文化能力、外语技能及民主意识的提升。因此，欧洲号召各国在《欧洲高等教育区质量保障标准与指南》的基础上，与欧洲高等教育区质量保障联合会、欧洲高等教育质量保障注册协会及国家质量保障机构协作，共同推进学生流动的质量保障工作。基于欧洲议会第"2006/961"号意见和欧洲委员会2006年《教育和培训中的跨境流动》的意见，欧盟于2006年出台《欧洲流动质量宪章》，旨在为促进个人或职业发展而进行正式或非正式的学习性流动提供欧洲层面的指导方针。[①]宪章以灵活和自愿为原则，从信息与准则、个性化、语言技能、认证等10个方面为流动的质量保障提供参考依据。

流动的质量取决于流动前、流动中和流动后三个阶段的综合质量，包括学习、项目研究、实习等相关的质量。[②]而目前学生流动质量的保障措施主要集中在财政支持力度、语言适应程度、学分及学历互认度、信息渠道畅通度及跨境手续办理难易度等方面，这些构成学生流动质量保障的关键环节。在语言环境方面，英语课程和项目正在非英语国家推广。截至2015年，50%的欧洲国家通过对流动学生和授课教师提供语言课程，增设英语课程、英语项目和联合学位项目等措施清除语言阻碍。例如，意大利2014年颁布的《第104条部长级法令》规定，国家鼓励学生项目使用意大利语之外的其他语言，可用英语进行远程入学考试。法国2013年颁布的《高等教育与研究法》允许高等教

---

① EUR–LEX. European Quality Charter for Mobility［EB/OL］.（2017–01–20）［2017–01–20］http://eur-lex.europa.eu/legal–content /EN/TXT/?uri=uriserv:c11085.

② EHEA. Report of the 2012–2015 BFUG Working Group on Mobility and Internationalisation［R］. Paris: EHEA, 2015: 11.

育机构在确保法语教学的基础上，设立国际外语教学课程和项目。比利时在2013年颁布的法律提出要扩大高等教育机构外语项目招生规模。截至2015年，比利时35%以上的硕士课程正在用英语教学。在资格认证方面，跨境流动学生学分、学历及资格的相互认证正在逐步完善。例如，法国2011年部长级法令中提出"国际论文联合监管"的措施。土耳其出台高等教育机构学历认证的审计办法，并号召各学校根据《伊拉斯谟大学章程》促进流动学生的学历认证。比利时和意大利都借助"博洛尼亚专家行动"（Bologna Experts Campaign）等项目以及欧洲信息认证网络中心（European Network of Information Centres，ENIC）和欧盟国家信息认证中心（National Academic Recognition Information Centres，NARIC）等机构促进高等教育机构中流动学生的学分和学位认证。在签证方面，许多国家在欧洲高等教育区的国际化战略框架下，纷纷出台针对入境学生签证手续的简化措施。意大利和拉脱维亚针对输入型学生流动，出台了简易的立法框架和签证制度，克罗地亚颁布了《扫除障碍并促进国际性学习流动计划》（Action Plan for Removing Obstacles and Enhancing International Learning Mobility）。[①]

（四）欧洲跨境联合项目的开展以及联合学位的设置

联合项目是由两个以上高等教育机构共同开设课程从而开展的项目。联合学位是指那些由两所以上有合作关系的高等教育机构所颁发的学位。联合项目和联合学位是促进学生跨境流动的重要方式之一。截至2015年，13%的欧洲国家（捷克、德国、法国等）中有超过10%的高等教育机构实施联合学位授予，50%的国家中有2.5%的高等教育机构实施了联合学位授予。其中，捷克、法国、德国、葡萄牙和英国参与联合学位授予的高等教育机构的比例达到10%，多数欧洲国家的该项比例约为2.5%。一些国家针对联合项目专门设立了相关机构。例如，芬兰创建了专门促进联合学位及学生跨境流动的国际流

---

① EUROPEAN COMMISSION, EACEA, EURYDICE. The European Higher Education Area in 2015: Bologna Process Implementation Report［R］. Luxembourg: Publications Office of the European Union, 2015: 252–254.

动中心，实施了致力于学生交换项目的"芬兰—俄罗斯学生及教师交换项目"（Finnish-Russian Student and Teacher Exchange Programme，FIRST）以及旨在促进教育合作的中国项目。挪威设立了国家级的专门资助联合学位的国际合作中心，于2014年开始召集高校参与硕士及博士阶段的联合学位项目的竞标。[①] 联合项目及联合学位的开展也涉及欧洲高等教育区与海外的学生流动。截至2015年，75%的欧洲国家都针对联合项目和联合学位授予进行数据统计。从欧洲国家联合项目与联合学位在全球范围的开展与设置情况来看，欧洲高等教育区主要的合作对象还是区内的国家，其次是美国、加拿大、中国等。

三、欧洲高等教育区学生流动的发展趋势

总体而言，欧洲高等教育学生流动的推进工作自欧洲高等教育区建成后喜忧参半。其特点主要是学生流动的趋势和推进工作逐步加强；国家间学生流动的进展差异显著；多数国家都针对学生流动制定了推进政策，但目标清晰、有章可循并行之有效的措施较少。在下一阶段学生流动推进工作中，欧洲将重点关注流动方式和类型的多样化、输入与输出间的"均衡流动"、学生流动质量保障机制，发掘非流动学生群体潜力并加强学生流动的跟踪与监管。

（一）扩大学生流动的范围，鼓励多样化流动

多样化的学生流动是加强欧洲高等教育区学术合作、拓展创新维度及促进知识共享的核心方法。[②] 在传统的学位流动和学分转换的基础上，欧洲高等教育区号召欧洲各国逐步开放高等教育体系，强化教育国际合作的能力建设，在逐步完善资格认可框架的基础上促进学生流动类型和方式的多样化，鼓励各级各类高校和教育机构开展多种形式的学生交流活动，积极参与双边、多边合

---

① EUROPEAN COMMISSION, EACEA, EURYDICE. The European Higher Education Area in 2015: Bologna Process Implementation Report［R］. Luxembourg: Publications Office of the European Union, 2015: 221.

② COMMUNIQUÉ OF THE CONFERENCE OF EUROPEAN MINISTERS RESPONSIBLE FOR HIGHER EDUCATION. Mobility for Better Learning-Mobility strategy 2020 for the European Higher Education Area ［R］. Bucharest: EHEA, 2012: 1.

作，尤其关注联合项目和联合学位授予。

（二）增强输入型与输出型学生流动，促进"均衡流动"

"均衡流动"逐渐成为热议话题，但几乎没有国家能够保持流动的均衡，即使偶尔在数值上达到了均衡，流动的目的国也存在巨大差异。为增强欧洲高等教育区的吸引力和区内的多样性，由非欧洲高等教育区向区内的输入型学生流动的目标设定也被提上议程。[①] 就目前而言，这项任务主要是让成员国设立输入型学生流动的目标，并将欧洲统计局和国家数据汇总机构联合起来开展区内输入型学生流动的数据采样工程。

（三）完善学生流动的质量保障，实现高质量流动

随着学生流动的深度与广度的增加，学生流动质量也将是未来改革的重点。在"前流动"阶段应增强目的国的项目建设和教育体制的信息渠道畅通度，充分做好语言、跨文化和经费等方面的准备工作。"流动"阶段的后勤保障工作至关重要，目的国应加强与学生、教师的联系来确保学生的监管和保障工作。"后流动"阶段则应加强学历认证和学段的衔接。未来的学生流动在注重规模的同时，更需在有效引导、有的放矢、有序组织和充分准备的前提下关注质量的提升。

（四）加强学生流动的跟踪，完善监管机制

学生流动监管机制是欧洲高等教育区学生流动推进工作下一步的重点。尽管很多国家（比利时、西班牙和英国等）的学生流动战略和行动计划已经出台，但相关的实施成果报告并未发布，学生流动的监管极为匮乏。在已经实施流动监管的国家中，流动数据和流动成果的反馈周期较长，通常是一年或半年。为使学生流动监管工作系统而持续有效地开展，需要多方机构共同协助，

---

① EUROPEAN HIGHER EDUCATION AREA. Report of the 2012–2015 BFUG Working Group on Mobility and Internationalisation［R］. Paris: EHEA, 2015: 3.

各国教育部、其他政府机构、质量保证机构、高等教育机构和学生联盟组织等都将参与学生流动的监管工作。

（作者简介：张惠，北京航空航天大学人文社会科学学院高等教育研究院副教授）

欧盟高校参与终身学习发展的
战略规划与实践路径

现代终身学习理念缘起于欧洲。欧盟作为世界上极具影响力的区域一体化组织，也是终身学习理念的积极践行者和推广组织。欧盟终身学习战略覆盖"从摇篮到坟墓"的整个学习范围，涵盖正式、非正式或非正规的各种教育形式，涉及学校、工作场所等所有学习环境，包含人们从日常经验中获取的知识、技能、能力。此外，它还涉及个人成就和事业、就业能力和适应性、积极的公民身份和社会包容等核心能力。① 尽管终身学习理念随着国际组织的大力宣传和推进深入人心，终身学习实践在国际教育政策话语中占有重要地位，但它对高等教育的影响仍然不够显著。考虑到知识经济时代的现实需要、社会民主的呼吁，以及老龄化社会引发的人口结构变化，高等教育正逐步回应终身学习时代的教育诉求。

20 世纪 90 年代以来，欧盟制定了一系列政策，在教育领域推广、落实终身学习理念。1996 年，终身学习被正式列入欧洲委员会（Council of Europe）议程，当年也被确认为"欧洲终身学习年"。在欧洲高等教育领域，1998年，欧洲委员会启动"终身学习促进公平和社会融合：高等教育的新挑战"

---

① BANG J, UBACHS G, BREY C, et al. Organising Lifelong Learning：A Report on University Strategies and Business Models for Lifelong Learning in Higher Education［R］. European Association of Distance Teaching Universities–EADTU, 2010（09）：5.

（Lifelong Learning for Equity and Social Cohesion：A New Challenge to Higher Education）项目。1999 年的《博洛尼亚宣言》（Bologna Declaration）被视作实现欧洲高等教育区域协作的关键机制，包括通过欧洲学分转换等系统搭建一个全欧洲范围的实施框架。博洛尼亚进程开启了欧洲高等教育前所未有的激烈改革，在高等教育领域贯彻终身学习是其主要目标之一，也是欧洲迈向高等教育体系趋同的重要一步。虽然终身学习源自成人教育研究领域，最初关注的领域主要集中于正规教育后阶段。但经过近 20 年的发展，欧盟各国高校认识到终身学习理念的引领性意义，开展了卓有成效的终身学习战略规划，其中一些成熟经验可以为我国提供有益启示。

一、迈入终身学习时代的欧盟高等教育改革背景分析

（一）应对经济转型需求

在全球化快速推进、人口结构持续变化和技术日新月异的背景下，高等教育要承担经济转型为人才培养和知识生产传播带来的新挑战。以贸易为基础的工业资本主义进入以创新为经济社会发展驱动力的知识经济时代。高等教育系统在学习型社会中扮演着日益重要的角色，必须培养学生具备就业、创新和创业的能力，培养民主、积极的公民意识，发展个人能力，提升社会凝聚力，促成更加公正平等的社会。[①] 传统的高等教育模式根植于深厚的学术传统，旨在为工业社会培养合格人才，侧重于教学和测试，而不是学习。终身学习将学习者及其需求置于教育方式和政策制定的中心，帮助个人做好准备，面对不断变化的世界，这一理念对高等教育的政策转变具有重要的影响力。终身学习时代的高等教育与传统意义上的高等继续教育将有本质不同。有学者将"继续教育"定义为：由各级各类高校承担的、针对离开学校教育体制后的人群进行的一定内容的教育活动，是高校人才培养、科学研究、社会服务和文化传承创新

① VARGAS C. Lifelong Learning Principles and Higher Education Policies ［J］. Tuning Journal for Higher Education，2014，2（01）：93.

等功能职责的补充和延伸。① 而终身学习高校则更能发挥高校在研究能力、人才队伍和学术资源方面的结构化优势，同时保持对社会发展的敏感度，及时做出回应，是一个具备自我学习、知识传播、社会服务、文化传承等功能的有机整体。

从 2000 年开始，终身学习被写入"里斯本战略"（The Lisbon Strategy），要将欧洲变为世界领先的知识经济中心，然而目标并未取得预期成效。终身学习在高等教育议程中日益突出，但同美国和日本的高等教育相比，欧洲高校的水平及高技能人才的培养不尽如人意。欧洲年龄在 25~34 岁的人中，拥有高校学位的不到 1/3，而美国则是 40%，日本超过 50%。② 到 2020 年，欧盟计划让15% 的人参与终身学习。但根据欧盟统计局的数据，到 2016 年仅有 10.8% 的人参与终身学习。③ 在数字化、信息化浪潮导致新工作类型层出不穷的当下，劳动者培训需求增多，终身学习成为欧盟推动改革的载体。另一个不容忽视的动力来自人口结构的调整。步入老龄化社会的欧洲，同时也面临地缘政治形势带来的难民和移民危机。2018 年，约有 141500 名难民和移民通过地中海移民路线抵达欧洲。④ 这其中包括具有高等教育学历和工作经验的人。新的移民到来，也改变了当地的人口结构。

（二）回应社会民主需求

知识经济不仅引发经济体制转型，也激发个人自主学习的热潮，尤其是教育所带来的经济效益吸引个体不断提升自身知识和技能。公平的教育机会

---

① EUROPEAN COMMISSION. Europe 2020: A Strategy for Smart, Sustainable and Inclusive Growth［ER/OL］.（2020-11-20）［2021-02-21］. https://ec.europa.eu/eu2020/pdf/COMPLET%20EN%20BARRO SO%20%20%/20007%/20-%-%Europe%-202020%-20-%-20EN%20version.pdf, 2010: 10.
② HANNE SMIDT. Lifelong Learning Is More Relevant than Ever Before［EB/OL］.（2020-11-20）［2021-02-21］. https://www.universityworld-news.com/post.php?story=20180327112443137.
③ UNICEF. Refugee and Migrant Crisis in Europe Humanitarian Situation Report #30［EB/OL］.（2020-11-20）［2021-02-21］. file://Us-ers/muxisheng/Desktop/UNICEF%20Refugee%20and%20Migrant%20 Crisis%20in%20Europe%20Situation%20Report%20No%2030%20December%202018.pdf.
④ ANJA P J, ALESSANDRA R. Lifelong Learning in the Bologna Process: European Developments in Higher Education［J］. Compare: A Journal of Comparative and International Education, 2009, 39（01）: 7.

不仅有助于保障个人学习权利，更体现了社会民主价值。高等教育体系是终身学习体系的有机组成部分，但除了学校教育和正式培训，个人也可以在日常生活中或通过使用其他教育支持手段如工作、休闲、多媒体、图书馆等获取技能、知识和价值观。高等教育机构可以利用这些环境开展教学、学习活动。基于此，围绕博洛尼亚进程的终身学习议题主要体现在三个维度。第一个维度是准入条件。早在《索邦宣言》（Sorbonne Declaration）中，欧盟就已经提出高等教育机会问题，指出高等教育机构应当接收缺乏正式资质的个人，并认可他们在学术机构之外获得的知识。[①] 在博洛尼亚进程中，高等教育机构需要向曾经被排除在高等教育之外的人开放，来提高其包容性。第二个维度是入学方式的灵活性。高等教育机构应当为不同群体在不同生活时期提供高等教育入学机会。第三个维度是认可先前学习，承认学校教育之外所获知识的学术价值。这三个维度抛弃了"教育是阶段性的，教育在先、就业在后"的固有观念，共同构成欧盟各国高校实施终身学习的行动框架。

2001 年，欧盟成员国负责高等教育的部长在布拉格召开欧盟双年度部长级会议，又称布拉格会议，发布《布拉格公报》（Prague Communique），提出："终身学习是欧洲高等教育领域的重要组成部分。未来的欧洲是建立在知识社会和经济的基础上，终身学习战略是应对竞争、使用新技术、提高社会凝聚力和生活质量、促进机会平等所必不可少的。"[②]2007 年，欧盟将区域内所有教育和培训方案统称为"2007—2013 年终身学习方案"（The Lifelong Learning Programme 2007–2013），用以支持高质量的终身学习，帮助成员国发展教育和培训体系。欧盟委员会同时要求成员国就终身学习战略提交国家报告，从国家层面加强执行进程。在"2007—2013 年终身学习方案"的基础上，2014 年，欧盟又正式启动了"伊拉斯谟＋计划"，使终身学习发展的目标和执行更加具

① EUROPEAN HIGHER EDUCATION AREA. Towards the European Higher Education Area Communiqué of the Meeting of European Ministers in Charge of Higher Education［EB/OL］.（2020–11–20）［2021–02–21］. http://www.ehea.info/media.ehea.info/file/2001_Prague/44/2/2001_Prague_Communique_English_553442.pdf.
② ALINA IRINA POPESCU. Essential of University Strategy Development in the Field of Lifelong Learning［J］. European Journal of Interdisciplinary Studies，2012（04）：32–33.

体化。"伊拉斯谟＋计划"是欧盟史上最大规模的综合性教育交流合作项目。①
政策的实施推动开放和灵活的学习方式，继续教育逐渐从边缘转向高等教育研
究的中心。

二、从理念到行动：欧盟高校终身学习战略的推展与变革举措

在博洛尼亚进程的倡议下，跨区域高等教育终身学习项目在欧洲高校联
盟一级很快得到开展。欧洲大学协会（European University Association，EUA）
和欧洲继续教育网络（European Continuing Education Network，EUCEN）是高
校终身学习的两大主要促进联盟机构。从 EUA 和 EUCEN 主导的改革策略来
看，终身学习理念下高等教育体系和结构的改革是全面而深远的，从发展战
略、组织机构、制度规范到参与主体等都发生变革。

（一）战略设计：重塑欧洲高校在终身学习时代的角色定位

在欧盟的呼吁和政策推动下，更多的欧洲高校及协会参与回应终身学习
的诉求。EUCEN "终身学习的欧洲高校模式"（A Lifelong Learning University
Model for Europe，ALLUME）项目将 "高校终身学习"（University Lifelong
Learning，ULLL）定义为 "由高等教育机构提供的学习机会、服务和研究"。
高校终身学习的目的是：①个人及职业终身（life long）和全面（life wide）的
发展。②社区和地区的社会、文化和经济发展。③高校研究基础层面，主要关
注学习者需求，并通常由利益相关者和外部合作者开发或提供。高校所倡导的
终身学习具备以下基本特质：①学习是共享的：教与学的区别更加模糊，学生
和教师共同学习，彼此学习，从校外和校内的活动中学习，向校外和校内的
人学习。②无论何时何地，学习都是有价值的：它包括对先前正式学习、非
正式学习和非正规学习的验证。③评估是多种多样的：针对不同的技能、知

---

① EUROPEAN UNIVERSITY ASSOCIATION. The Lisbon Declaration. Europe's Universities beyond 2010：Diversity
with a Common Purpose［ER/OL］.（2020–11–20）［2021–02–21］. http://www.aic.lv/bolona/Bologna/London_conf/
Lisb_on_delaration.pdf, 2007.

识和能力开发和使用多种评估方法。④学习是全面并贯穿一生的：无论何时，在个人或专业道路上都有一个学习目标（learning objective），包括在学习成果（learning outcomes）中；学习是愉快且有益的经历。① 2008 年，EUA 发布《欧洲高校终身学习宪章》（European Universities' Charter on Lifelong Learning），以书面形式承诺欧洲高校落实终身学习战略，成为知识型欧洲的中心支柱（表 1）。②

表 1 《欧洲高校终身学习宪章》内容

高校应做出的承诺	政府应做出的承诺
在高校发展战略中应植入终身学习理念	认可高校对建立终身学习体系的贡献及其给个人和社会带来的好处
为不同学生群体提供教育和学习机会	促进社会平等，建设包容的学习型社会
调整学科，使其更具开放性并吸引更多的成人回流学习者	将终身学习列入国家质量保障机构和系统的工作目标
提供适当的指导和咨询服务	支持发展指导与咨询服务
认可传统教育之外的各种学习形式	认可高等教育以外的各种学习形式
为终身学习引入质量保障文化	消除影响学生再次接受高等教育的法律障碍
在终身学习框架下增强研究、教学和创新的关系	确保提供终身学习机会的高校享有自主权并受惠于激励政策
巩固改革成果，为所有学生创设一个灵活而富有创造性的学习环境	鼓励高校与地方政府、用人单位及其他有关机构合作
发展地方、区域、国家间的合作，提供有吸引力和有针对性的教育	鼓励公民利用高校提供的终身学习机会
将高校自身建设成为终身学习的典范	以身作则，带头参与终身学习

宪章鼓励更多传统的欧洲高校将终身学习纳入学校规划和议事日程，成为高校终身学习战略发展的基准文件，帮助传统高校重新思考终身学习时代

---

① EUROPEAN UNIVERSITY ASSOCIATION. European Universities' Charter on Lifelong Learning ［R］. Brussels：EUA，2008：7.

② FROST N，TAILOR R. Patterns of Change in the University：The Impact of "Lifelong Learning" and the "World of Work" ［J］. Studies in the Education of Adults，2001，33（01）：52.

的角色定位。高校终身学习战略规划过程包括战略的制定、实施和控制，并有机嵌入学校整体规划当中，可以是学校总体规划的一部分，亦可以是单独制定的。但无论规定内容有何不同，终身学习的战略规划必须回答如下问题。

第一，终身学习战略与学校整体战略有何联系？第二，高校推进终身学习的重点任务、目标和计划是什么？第三，高校在战略中强调哪些原则和价值观？第四，各高校如何组织继续教育？第五，高校在运营、客户关系、内部合作、员工发展和管理程序中如何考虑到终身学习？[1] EUA 也认识到，对规模较大的高校而言，终身学习可能依旧不是其首要任务，再加上多元利益相关者的不同诉求，构建一个完整的战略规划体系将是高校终身学习规划成功的关键因素。

（二）战略承诺：承担全民终身学习的社会责任

高校的使命和愿景依据高校所在地区或国家的地位而定，目的是明确高校可以提供何种终身学习服务。一般而言，愿景陈述高校未来发展期望，而使命则说明为什么高校要启动新行动，以及高校希望通过行动实现何种目标、传达何种价值观。当前，欧洲高校的终身学习战略的愿景、使命和价值观框架主要建立在《欧洲高校终身学习宪章》的基础上，特别是前三条承诺。第一条，在机构战略中植入拓宽入学渠道的理念和终身学习的概念。高校必须承认终身学习概念具有复杂性，以之作为高校发展终身学习文化的一个关键方面。第二条，为不同学生群体提供教育和学习机会。欧洲高校应当积极回应更广泛学生群体日益增长的多样化需求，包括中学后学生、成人学习者和希望提升技能的工作人士、高龄文化学习者，以及其他希望在一生中追求高品质高等教育的人群。第三条，调整学科，使其更具开放性并吸引更多的成人回流学习者。需要为所有学习者提供灵活且透明的学习途径，使他们能够以不同的形式接受高等

① REICHERT S. The Rise of the Knowledge Regions：Emerging Opportunities and Challenges for Universities［ER/OL］.（2020-11-20）［2021-02-21］. http://www.enriccanela.cat/wp-content/uploads/2007/01/the_rise_of_knowledge_regions.pdf.

教育并取得成功。①

　　欧洲高校参与终身学习的主要路径是扩大参与，服务全民终身学习需求，并适应以学生为中心的教育模式。首先，高校终身学习战略的愿景和价值观必须考虑到所有利益相关者的观点和诉求，所有的高校都应回应所在社区的要求，与外部组织建立共生的伙伴关系；其次，终身学习战略要求高校应当同等重视教学与研究，推动学科知识传授方式转变为学习支持服务，为学生/学习者赋权，进而改变教师和学生/学习者之间关系的性质，形成学习者中心；再次，终身学习战略使高校的学习计划、结构和教学形式更加灵活开放，支持学分转换、先前学习（prior-learning）和经验式学习等正式和非正式的学习方式；最后，高校参与终身学习的最终目标应当是"社会目标"，帮助学习者个人发展和自我实现，通过向社会提供多种学习资源和平台为弱势群体赋权。②

（三）战略执行主体：多方共同参与治理

　　尽管外部环境持续变化，但高等教育机构始终秉承社会服务使命。《欧洲高校终身学习宪章》第九条和第十条要求："发展地方、区域、国家间的合作，提供有吸引力和有针对性的教育。在终身学习体系中提供有针对性的教育内容，仅靠高校自身是无法做到的。高校需要和其他利益相关者，如其他教育机构、雇主、工会等，建立有组织的合作关系，才能使教育内容更有针对性、灵活性和创新性。""将高校自身建设成为终身学习的典范。为社会树立推广终身学习体系的典范。"③然而，同一所高校的不同院系对高校本地的角色也存有不同的看法，不同区域的人口、产业类型和政府伙伴关系以及公共或私人利益相关者更有较大差异，势必会影响终身学习战略的制定与执行。高校必须充分考

① DAVIES P（EUCEN）. The Bologna Process and University Lifelong Learning：The State of Play and Future Directions［R/OL］.（2007-03-30）［2021-02-21］. http://www.eucen.eu/BeFlex/Final/Reports/BeFlexFull/ReportPD.pdf.
② BEFLEX PROJECT. Universitécatholique de Louvain Case Study［EB/OL］.（2021-01-30）［2021-02-21］. http://www.eucen.eu/BeFlex/CaseStudies/BE_Louvain.pdf.
③ FROST N，TAILOR P. Patterns of Change in the University：The Impact of "Lifelong Learning" and the "World of Work"［J］. Studies in the Education of Adults，2001，33（01）：52.

虑外部因素，扮演好角色分类，以此作为适应周围环境的基础。

将终身学习的理念完全融入高校办学宗旨，对于增强高校的创新能力大有益处。[①]终身学习战略实际是以高校为中心建设学习型区域，增强技术创新能力，更加关注中学后及成人的就业和技能提升需求，将终身学习作为提高地区劳动力的重要力量。因此，终身学习战略除了依靠作为执行主体的高校机构，还需要利用改革工具（如学分转换系统、文凭附加说明、质量保障标准与指南、资历框架体系等），在改革进程中努力营造富有创造性的终身学习环境，吸纳更多相关群体参与，对多层次的学习者开放，以满足高等教育现代化带来的社会需求。对于非传统学校教育的学生而言，时间和金钱都至关重要。高校需要与利益相关者合作制订有针对性的培养方案，特别是在继续教育方面，成为地区参与型高校（Regionally-Engaged University）。

（四）战略结果分析：高校终身学习战略规划实例

为强调高校终身学习战略的重要性，提高传统高校在博洛尼亚进程中对终身学习关键作用的重视，高校联盟机构对高校终身学习策略的过程进行评估监管。其中影响最大的是 EUCEN 实施的"博洛尼亚进程基准灵活"（Benchmarking Flexibility in the Bologna，BeFlex）项目。项目参考了至少 300 所欧洲高校的博洛尼亚改革进程，收集了 50 所高校的案例，评估博洛尼亚进程对大学终身学习实践的影响，为欧洲高校实施终身学习战略提供对标基准。BeFLex 项目介绍的高校终身学习战略及实施成果引发了各界广泛的兴趣和讨论。随后 EUCEN 又实施了"BeFlex+"项目，向 150 所高校发放问卷，搜集了 40 所高校的案例样本。BeFlex 两个项目总结了各高校广泛采用的四类终身学习做法。第一类，高校全面执行终身学习方案，对全校的教学和学习进行改革；第二类，高校采用劳动力市场方案，主要回应经济和劳动力培养需求；第三类，高校采取社会包容方案，聚焦于扩大高校学习者的范围，向新目标群体

① FROST N，TAYLOR R. Patterns of Change in the University：The Impact of "Lifelong Learning" and the "World of Work"［J］. Studies in the Education of Adults，2001，33（01）：52.

和非传统的学习者开放学习资源；第四类，高校的终身学习战略仍停留在口号，缺乏实质内容。① 该项目获得了高校实施终身学习战略的大量实践数据，进行总结、分析和监测，为高校开发和启动终身学习战略提供宝贵建议。

鲁汶天主教高校是比利时久负盛名的高校，也是 BeFlex 项目中实施终身学习组织变革的学校之一。自实施博洛尼亚进程以来，学校更加重视培训对于终身学习的促进作用。在战略设计上，该校首先成立了终身学习所，帮助协调学校内部各院系制定终身学习战略，满足毕业生和社会的需求。在统筹机构终身学习所之下分设两个执行机构——高校继续教育中心和继续教育委员会。高校继续教育中心为各院系提供继续教育课程的支持、设计、开发、监管、质量评估和推广等；继续教育委员会则负责制定相关政策和战略，并授权学术委员会负责继续教育的监管工作。鲁汶天主教高校主要提供四类继续教育课程：文凭课程、证书课程、资格认证课程和定制课程，均由各院系提供，并获得学校认可。各院系可从高校继续教育中心获得相应帮助，协助开发课程，满足成人学员需要。课程充分参考成人和学生的就学特征。例如，人类学系设计了一门硕士课程和五门证书课程，成人学生（有专业经验或个人经验）可以注册学习证书课程（17~30 学分），积累 120 学分之后可注册获得硕士学位。②

法国里尔科技大学是 BeFlex 项目主要合作高校之一。它将终身学习战略作为组织原则，纳入学校发展规划加以推行。学校严格执行博洛尼亚进程中规定的学士—硕士—博士（bachelors–masters–doctorate，BMD）三级学历结构，以终身学习理念为引导重新规划教育方式、行政管理和财政组织，强化接待学生、资讯传播、辅导等服务工作，改变教职人员的传统观念，帮助学生成为终身学习者。③

---

① BEFLEX PROJECT. ULLL and Bologna Process Universitédes Sciences et Technologies de Lille［EB/OL］.（2021–01–30）［2021–02–21］. http://www.eucen.eu/BeFlex/CaseStudies/FR_Lille1.pdf.

② DINEVSKI D，DINEVSKI I V. The Concepts of University Lifelong Learning Provision in Europe［J］. Transition Studies Review，2004，11（03）：227–235.

③ SMIDT H，SURSOCK A. Engaging in Lifelong Learning：Shaping Inclusive and Responsive University Strategies［R］. Brussels：European University Association，2011.

三、高校参与终身学习发展的路径分析与讨论

欧洲高校的终身学习改革至今已有十余年，开放、包容、共享的教育理念在高等教育机构得到深入贯彻。然而，由于终身学习概念外延较为宽泛，时常与高校继续教育概念相混淆，以至于很多高校将终身学习局限于继续教育工作范畴。甚至在提供继续教育课程方面，高校面临诸多竞争者。除了其他同类学校，还有工商业界、营利组织、专业协会、非政府组织等同样为成人学员提供培训。①

（一）以服务学习者作为战略出发点

欧洲高校从继续教育转向终身学习是一个重大的文化及组织变革。首要特征是以学生为中心的学校文化转变，这是传统高校迈向终身学习高校的重要一步。《欧洲高校终身学习宪章》第二条要求为所有的学生创设一个灵活而富有创造性的学习环境。关注学习者和学习者需求意味着学习的过程不再单纯是知识的传递和复制，而是更深层次的理解与批判性思维的培养。师生关系发生新的改变。教师作为促进者与学生"协商"，考虑学生个体的特殊背景、先前经验、认知类型、学习风格和学习需求；学习者通过主动、自主学习，通过探索和反思，构建知识体系。② 这类学习旨在培养学习素养，因此，终身学习既是一种教育组织方式，也是一种教育哲学；不是为了生活做准备，而就是生活本身。③ 欧洲高校积极推进以学习者为中心的全面改革，改变高校实践方式，包容知识传播和教学组织的方式，吸引更多成人回流学习者，进而改变人的态度和价值观，最终向学习型组织转变。BeFlex项目发现，虽然对大多数国家（法国、英国等少数国家除外）而言，认可先前学习、非正式学习和非正规学

---

① CARNEIRO R. The Big Picture：Understanding Learning and Meta-Learning Challenges［J］．European Journal of Education, 2007（02）：155.

② DAVIES P（EUCEN）．Beflex Plus–Progress on Flexibility in the Bologna Reformthematic Report and Recommendations to Policy Makers and Managers［ER/OL］．（2020–11–20）［2021–02–21］．http://www.eucen.eu/BeFlexPlus/Reports/The matic Report_FI–NAL.pdf.

③ 柯常青，马燕生. 欧洲大学协会推出《欧洲大学终身学习宪章》［J］．世界教育信息, 2009（01）：39–40.

习困难重重，但在一些案例学校中，因为先前学习认可早已被用于技能开发，并投入劳动力市场，所以，帮助学员获得进一步的职业资格，更容易受到项目培训课程和讲座的关注。①

现阶段，我国高校教师仍被赋予授业解惑的"传道人"角色，缺乏对高校学生个体发展的关注，必然与终身学习时代"人人皆师"的理念有一定冲突。高校学生首先是具备独立思维的个体，只有认识到这点，高校规划层和普通教职员工的角色才能及时调整并回应需求。尤其在学校层面，向终身学习理念的转变需要重新制订教师发展计划，搭建促进学生学习、师生共同成长、开展多方合作的平台。

（二）以终身学习战略规划作为行动指南

BeFlex 项目调查发现，清晰的目标、明确的职责分配、充分的准备是参与终身学习的高校取得成功的关键因素。②战略的制定是一个长期的过程，计划和目标则可能会出现调整或改变，因此，战略应当是高校围绕共同愿景而开发的集体任务。战略制定要尽可能与教职员工分享、沟通，强调建立内部交流平台和支持网络，吸纳外部利益相关者合作。也有些高校并不拘泥于某种最佳途径，而是根据实际情况适时调整，依具体情况决定方法和行动。不同的高校由于内外部环境、地位、功能等因素的不同，参与制定发展战略的过程也有所不同。

时至今日，我国高校发展战略已较成熟，但大多数是从传统教育教学思维出发，针对中学之后阶段学生的教育类型。围绕终身学习战略，高校各层面也需要适时转换思维：合并继续教育学习内容，调整学习方案以吸引更多样化的学习者人群；在教室中进行混合教学，采取一定的行政或财政保障措施；提供更开放的学习服务，认可学生的先前学习和经验学习；意识到对所在社区的社会责任，主动为地区发展做出贡献。最重要的是转换工作方式及思维方式，

①② 祝怀新，马羽安，龙必勇，等. 我国研究型大学继续教育的功能定位及其策略［J］. 职业技术教育，2020（13）：74-79.

进而改变机构文化。① 在新的文化中，所有的教育类型都可以对终身学习做出贡献。学校要建立关于终身学习的共同愿景，吸纳学校内所有人参与，也为所有人提供终身学习的机会。同时，学校还需注重外部专家网络在战略实施中扮演的重要角色，创建专家及专业知识网络，以便在未来发展进程中寻找合适的合作伙伴或支持者。

（三）以合作伙伴关系搭建协作平台

终身学习的高校不同于继续教育学院，而是一个整体的、开放的系统，拥有更灵活的结构，组织边界具有渗透性，能够与不同的利益相关者结成网络伙伴关系。BeFlex 项目中的所有学校都以某种形式进行课程合作，不仅如此，很多高校还保持与其他教育机构的合作。在"BeFlex+"项目收回的问卷中，92% 的受访学校称合作伙伴不止一类，包括企业、地方或国家政府机关、教育培训机构（职业教育和成人教育机构、私立和公立学校）、社会合作伙伴、工会、非政府组织、社区团体和医院等。大部分高校的合作关注特定群体的职业发展或技能提升需要，包括教师、经理人、医生和音乐家等专业群体，移民、妇女、少数族裔等社会群体。② 此外，欧洲高校的实践经验表明，合作伙伴关系为高校终身学习战略的成功实施提供了资源基础。通过与不同利益相关方的合作，可以检验终身学习的实际成效，对不同类型学习方式的认可和认证也有助于吸纳多样化学习成员。

我国高校可以在继续教育领域做出适当突破，在认可多样化学习方式时，应当利用现有的工具、模型、专业知识及经验，完善学习者服务支持体系，如提供指导和咨询、提供在线学习服务等；构建利益相关方合作网络，邀请不同群体参与高校终身学习战略的开发，进一步提高战略的可行性和有效性。

---

① DAVIES P（EUCEN）. BeFlex Plus–Progress on Flexibility in the Bologna Reformthematic Report and Recommendations to Policy Makers and Managers［ER/OL］.（2020–11–20）［2021–02–21］. http://www.eucen.eu/BeFlexPlus/Reports/Thematic/Report_FI-NAL.pdf.
② 祝怀新，马羽安，龙必勇，等. 我国研究型大学继续教育的功能定位及其策略［J］. 职业技术教育，2020（13）：74–79.

〔原文刊载：桂敏. 高校参与终身学习发展的战略规划与实践路径：欧盟经验与启示 ［J］. 终身教育研究，2021，32（03）：43-49.〕

（作者简介：桂敏，北京教育科学研究院终身学习与可持续发展教育研究所副研究员）

中欧高级别人文交流对话机制简述

党的十八大以来，在党中央的领导和部署下，我国将中外人文交流提升为大国外交的三大支柱之一，搭建了中外人文交流的工作体系，为构建人类命运共同体、践行新时代中国特色大国外交走出了新路。党的十八大以来，党和国家为中外人文交流进行了重要的顶层谋划。2012 年，党的十八大报告提出"扎实推进公共外交和人文交流"，人文交流首次进入中国执政党的最高战略谋划；2017 年，党的十九大报告提出"加强中外人文交流，以我为主、兼收并蓄"，进一步为中外人文交流提供了指导思想。2017 年 7 月，习近平主持召开中央全面深化改革领导小组第三十七次会议，会议审议通过了《关于加强和改进中外人文交流工作的若干意见》，这是党中央首次针对如何加强和改进中外人文交流工作制定的专门文件，也是党中央在全面深化改革背景下对人文交流工作做出的最富体系性的擘画。2021 年 7 月，习近平总书记在庆祝中国共产党成立100 周年大会上发表重要讲话指出："以史为鉴、开创未来，必须不断推动构建人类命运共同体。"2022 年 10 月，党的二十大报告指出："构建人类命运共同体是世界各国人民前途所在。"要坚持交流互鉴，促进各国人民相知相亲，以文明交流超越文明隔阂、文明互鉴超越文明冲突、文明共存超越文明优越。

深化中外人文交流，推动构建人类命运共同体，发展人类文明新形态，有必要丰富高级别人文交流机制内涵，充分发挥机制的示范引领作用，不断巩固深化国际交流合作。

一、中欧高级别人文交流对话机制建立的背景

中欧高级别人文交流对话机制（简称"机制"）建立于 2012 年，迄今已举行 5 次高层对话会议，与中欧高级别战略对话、中欧经贸高层对话一道，形成中欧关系的三大支柱。自机制建立以来，中欧形成了多层次、全方位的人文交流局面，涉及的合作领域包括教育、文化、体育、青年、科技等，取得了丰硕成果。中欧建交以来，各领域合作为深化中欧全面战略伙伴关系发挥了重要作用。

2012 年 2 月，时任国务院总理温家宝与欧洲理事会主席赫尔曼·范龙佩（Herman Van Rompuy）、欧盟委员会主席若泽·曼努埃尔·巴罗佐（Jose Manuel Barroso）在北京举行第十四次中欧领导人会晤，正式宣布同意建立中欧高级别人文交流对话机制，签署了《中欧高级别人文交流对话机制第一次会议联合宣言》并公布《后续行动文件》，共列出教育和语言多样性、文化、研究人员流动、青年 4 个领域 18 项成果，中欧高级别人文交流对话机制正式建立。建立中欧高级别人文交流对话机制是双方领导人在会晤中从战略高度和长远角度出发，顺应时代发展潮流，符合双方人民的真诚愿望，为推进中欧全面战略伙伴关系长期稳定发展做出的战略决定，是中欧关系发展历程中的一个创举，将为中欧关系未来发展产生深远影响。

机制启动后，中欧双方在机制统一协调下，充分发掘丰富的人文资源，在教育、文化、青年等领域开展更大范围、更深层次的人文交流，加深中欧人民的相互了解和友谊。中欧高级别人文交流对话机制先后由刘延东、孙春兰担任中方主席，中方成员单位包括国务院办公厅、外交部、教育部、科技部、财政部、国家体育总局、共青团中央及驻欧盟使团等，具体与欧方对接工作由教育部国际司牵头负责。机制的欧方主席由欧盟委员会创新、研究、文化、教育和青年委员玛丽亚·加布里埃尔担任，欧方成员单位包括欧盟委员会教育与文化总司、欧洲大学协会等单位，具体与中方对接工作由欧盟委员会教育与文化总司国际处牵头负责。

二、中欧高级别人文交流对话机制的发展历程

中欧高级别人文交流对话机制第二次会议于 2014 年 9 月 6 日在北京举行，时任国务院副总理刘延东与欧盟教育、文化、多语言和青年事务委员安德鲁拉·瓦西利乌（Androulla Vassiliou）共同主持，双方签署《中欧高级别人文交流对话机制第二次会议联合宣言》并公布《后续行动计划》，共列出教育、研究人员流动、文化、青年、性别平等 5 个领域 25 项成果。机制第二次会议将妇女纳入合作领域。

中欧高级别人文交流对话机制第三次会议于 2015 年 9 月在比利时布鲁塞尔举行，会议主题是"多元多彩，互鉴互荣"。刘延东与欧盟委员会教育、文化、青年和体育委员蒂博尔·瑙夫劳契奇（Tibor Navracsics）共同主持会议。此次会议恰逢中国欧盟建交 40 周年，双方在教育、科技、文化、媒体、青年和妇女等领域列出人文交流重大项目和成果 88 项。双方一致认为，人文交流秉持的"和而不同"思想，在欧中关系中发挥了引领作用。双方将进一步在教育、科技、文化、媒体、青年、妇女、旅游等领域加强交流合作。会后，双方签署了《中欧高级别人文交流对话机制第三次会议联合声明》。

中欧高级别人文交流对话机制第四次会议于 2017 年 11 月在上海举行。刘延东与欧盟委员会教育、文化、青年和体育委员蒂博尔·瑙夫劳契奇作为机制双方主席共同主持会议。会议的交流重点是文化。同时，双方还讨论了教育、性别平等、青年等事务。在研究和创新领域，双方同意通过欧盟的"玛丽·斯克沃多夫斯卡－居里行动"计划提高研究人员的流动性。双方梳理了中欧高级别人文交流对话机制建立五年以来的成果 64 项以及未来合作设想 35 项。机制第四次会议将体育纳入合作领域。

中欧高级别人文交流对话机制第五次会议于 2020 年 11 月 10 日通过视频连线方式召开。国务院副总理孙春兰与欧盟委员会创新、研究、文化、教育和青年委员玛丽亚·加布里埃尔共同出席。双方一致同意，深化人文交流是中欧双方领导人的重要共识。双方以中欧建交 45 周年为契机，巩固已有合作成

果，用好高级别人文交流对话机制，打造一批有内容、有新意、有质量的品牌项目，推动中欧友好薪火相传，为中欧全面战略伙伴关系发展注入源头活水。面对新冠疫情这个人类共同的敌人，中欧就抗击疫情和医疗卫生合作保持密切联系，相互支持、携手应对，展现了中欧全面战略伙伴关系的时代意义和全球影响。

三、中欧高级别人文交流对话机制框架下高等教育领域的合作与成就

中国与欧盟在高等教育交流与合作领域主要开展了以下合作。

其一，双方设立"中欧高等教育交流合作平台"，鼓励开展相关合作办学活动，整合高等教育领域分散的政策对话，确定双方共同感兴趣的主题，如探讨中国和欧盟高校在应对教育数字化转型、实现绿色转型方面的探索与实践。在合作平台推动下，中欧还支持建立了中欧国际工商学院、中欧法学院、中欧清洁与可再生能源学院等合作办学项目。历届合作平台会议由中国教育部和欧盟委员会教育与文化总司主办，中国教育国际交流协会承办。

其二，双方还将支持青年学生交流互访。为加强学生、学者流动，五年间中国政府提供了 3 万个奖学金名额，资助中国学生赴欧盟留学、欧盟学生来中国留学。欧盟委员会将采取行动加强中欧学生、学者交流，通过交流项目，支持 5000 名中国学生、学者到欧盟国家学习，支持 2000 名欧盟国家学生、学者来华学习。在研究人员流动方面，欧盟委员会将鼓励中方科研人员和机构参与"玛丽·斯克沃多夫斯卡－居里行动"和后续的欧盟"地平线欧洲"（2020年）项目下的相关计划。中方依托国家留学基金委项目，不断加强双方在长期互换青年研究人员领域的合作。中方推动了中欧高校建立欧洲区域与国别研究中心和中国研究中心，以加强对彼此的研究与了解。截至 2019 年，中国有 19.3 万人在欧盟国家（不含英国）留学，2020 年在华学习的欧盟国家（不含英国）学生总数近 1.8 万人。中国与欧盟各成员国在华合作举办本科以上层次的办学机构 33 个，实施项目 239 个。

其三，双方将继续开展中欧教育政策对话，依托中欧调优项目（Tuning Program），开展中欧联合研究项目，建立双方共同认可的质量标准，制订相互认证的方案。目前，中国已与22个欧盟成员国签订相互承认学位、学历和文凭的协议，2021年中欧还联合发布了《中欧高等院校学分互认指导纲要》。中欧在机制框架下开展教育政策对话，建立院校合作平台会议机制。欧盟向中国分享了30多年来欧洲教育改革的博洛尼亚进程、欧洲高等教育区建设、哥本哈根进程、欧洲教育区、数字行动计划、欧洲大学联盟等改革举措。中国也向欧方分享了改革开放以来教育现代化进程取得的成果。与此同时，中欧双方还通过互设奖学金，开展院校课题研究合作，推动学生、学者双向流动。

其四，为加强语言合作和进一步推动语言多样性发展，双方举办了中欧多语言会议，凸显语言作为推动人文交流工具的重要性。在双方的共同努力下，截至目前，中国高校已全部开齐欧盟24种官方语言课程，欧盟国家在华建立了歌德学院、法语联盟、塞万提斯学院等语言教学机构。百余所中欧院校也在欧盟27个成员国合作建立了开展国际中文教学的孔子学院和孔子课堂。

其五，在青年合作方面，双方不定期举办中欧青年创业研讨会，大幅增强中欧青年之间的可持续的伙伴关系及网络联系，中欧双方累计有500个青年组织参与合作项目。通过具体项目和措施，中欧双方呼吁各国青年组织推进中欧人文对话，建立并加强中欧青年专题门户网站之间以及其他形式媒体之间的网络合作，等等。

四、未来发展与展望

2020年11月，中欧高级别人文交流对话机制第五次会议为中欧人文交流的未来发展指明了方向，双方同意继续加强合作，以在公平对等的环境下增进思想交流、促进人员流动。在教育领域，双方认识到疫情曾对教育领域及其人员流动造成的特殊影响，同意教育领域应在疫后恢复阶段发挥重要作用。双方将依托中国政府奖学金项目、"伊拉斯谟＋计划"等，在互惠的基础上扩大中欧学生、学者双向交流规模。双方欢迎"中欧高等教育质量对标与学分互认项目"研究团队发布学分互认指导纲要,以促进高等教育机构的兼容性。双方支持中欧高等教育机构通过多种方式联合培养高层次人才。

在科研人员流动领域,双方同意促进科研人员的双向流动,并提升科研人员流动机遇的显示度和吸引力。在体育领域,双方同意拓展各项合作,包括在"伊拉斯谟+计划"下的国际体育合作,相互支持并分享推动体育发展和人员流动、举办奥运会等大型体育赛事的经验。在青年领域,双方认为青年组织间的国际合作在应对共同挑战方面发挥了重要作用,同意推动中欧青年组织在气候变化领域开展思想交流和项目合作。

欧盟各成员国面临经济复苏乏力,绿色转型、数字化发展和教育一体化推进滞缓等困难,中美关系影响、地缘政治考量、战略自主驱动、欧盟传统价值观以及同中国关系的定位等诸多因素叠加,使中欧人文交流与合作面临前所未有的变化与挑战。双方在重新思考疫情后中欧人文交流的新格局,对中欧教育交流与合作做出新的调整、定位和规划,促进中欧间的文化交流和相互理解,夯实中欧人文交流根基,努力推动中欧人文交流行稳致远。

[作者:车伟民,中国驻欧盟使团教育文化处原公使衔参赞;张地珂,中国地质大学(武汉)外国语学院副教授]

主要参考文献

一、图书

[1] 法弗里. 直通欧洲：欧盟官方术语汇编［M］. 谢军瑞，译. 上海：上海外语教育出版社，2008.

[2] 科勒–科赫，康策尔曼，克诺特. 欧洲一体化与欧盟治理［M］. 顾俊礼，潘琪昌，周弘，等，译. 北京：中国社会科学出版社，2004.

[3] 陈时见，冉源懋. 欧盟教育政策的历史变迁与发展趋势［M］. 北京：高等教育出版社，2016.

[4] 谌晓芹. 结构主义视野下的博洛尼亚进程［M］. 北京：中国社会科学出版社，2016.

[5] 曹德明. 文化视角下的欧盟研究［M］. 上海：上海外语教育出版社，2009.

[6] 窦现金，卢海弘，马凯. 欧盟教育政策［M］. 北京：高等教育出版社，2011.

[7] 苟顺明. 欧盟职业教育政策研究［M］. 北京：人民出版社，2014.

[8] 简军波. 欧盟的多重困境与一体化前景［M］. 上海：上海人民出版社，2021.

[9] 雷建锋. 欧盟多层治理与政策［M］. 北京：世界知识出版社，2011.

[10] 明珠. 欧盟教育政策的发展演变与趋势研究［M］. 北京：北京工业大学出版社，2021.

[11] 平德. 欧盟概览［M］. 戴炳然，译. 北京：外语教学与研究出版社，2015.

[12] 王新凤. 欧洲高等教育区域整合研究——聚焦博洛尼亚进程［M］. 北京：社会科学文献出版社，2013.

[13] 邹东升. 公共治理视域的欧盟职业教育与培训研究［M］. 北京：世界图书出版公司，2017.

[14] 周弘，科勒–科赫. 欧盟治理模式［M］. 北京：社会科学文献出版社，2008.

[15] BLASS E. Is Bologna Sustainable in the Future? Future Testing the Bologna Principles［M］. Dordrecht：Springer，2012.

[16] BARRETT B. Globalization and Change in Higher Education：The Political Economy of Policy Reform in Europe［M］. Houndmills：Palgrave Macmillan，2017.

[17] BLEY S J，HAMETNER M，DIMITROVA A，et al. Smarter，Greener，More Inclusive? Indicators to Support the Europe 2020 strategy：2017 edition［M］. Luxembourg：

Publications Office of the European Union，2017.

［18］DALE R，ROBERTSON S. Globalisation and Europeanisation in Education［M］. Oxford：Symposium Books，2009.

［19］EURYDICE. The European Higher Education Area in 2015：Bologna Process Implementation Report［M］. Ministerio de Educación，2015.

［20］FERENCZ I. Balanced Mobility Across the Board —A Sensible Objective?［M］. Cham：Springer，2015.

［21］EU. The Europe 2020 strategy：2017 edition［M］. Luxembourg：Publications Office of the European Union，2017.

二、期刊论文和会议文献

［1］陈时见，冉源懋. 欧盟教育政策的历史演进与发展走向［J］. 教师教育学报，2014，1（05）：95–105.

［2］房广顺，李若晴，李作章. 欧盟高等教育治理现代化：发展历程、政策逻辑与实践表征［J］. 现代教育管理，2021（10）：113–120.

［3］阚阅，谷滢滢."软治理"中的"硬政治"：论欧盟教育治理中的开放协调法［J］. 教育发展研究，2021（13）：106–115.

［4］刘琦，车伟民. 欧洲高等教育区对推进"一带一路"教育行动升级版的启示［J］. 中国高教研究，2020（09）：80–84.

［5］刘琦，车伟民. 欧洲高等教育文凭补充文件制度对我国学历学位制度现代化建设的启示［J］. 世界教育信息，2021，34（07）：31–36.

［6］欧阳光华. 一体与多元——欧盟教育政策述评［J］. 比较教育研究，2005（01）：11–15.

［7］申超，温建波. 多层治理视野下的欧盟教育政策形成机制研究［J］. 比较教育研究，2011，33（07）：64–69.

［8］张地珂，杜海坤. 欧洲高等教育结构性改革及其启示［J］. 中国高等教育，2017（17）：62–63.

［9］张惠. 欧洲高等教育领域学生流动的历史轨迹与现实走向［J］. 比较教育研究，2015，37（05）：66–73.

［10］张惠，朱春雨. 博洛尼亚进程中的欧洲学生流动政策研究［J］. 现代教育管理，2018（09）：118–122.

［11］COMMUNIQUÉ L. The Bologna Process 2020—The European Higher Education Area in the New Decade［C］//Communiqué of the Conference of European Ministers Responsible for Higher Education. 2009.